Gerald Polzer | Stefan Spath

111 Orte in der Steiermark, die man gesehen haben muss

Mit Fotografien von Antonia Schulz und Stefan Spath

111

emons:

Bibliografische Information der Deutschen Nationalbibliothek
Die Deutsche Nationalbibliothek verzeichnet diese Publikation in der Deutschen Nationalbibliografie; detaillierte bibliografische Daten sind im Internet über http://dnb.d-nb.de abrufbar.

MIX
Papier aus verantwortungsvollen Quellen
FSC® C083411
FSC
www.fsc.org

Layout: Eva Kraskes, nach einem Konzept von Lübbeke | Naumann | Thoben
Kartografie: altancicek.design, www.altancicek.de
Kartenbasisinformationen aus Openstreetmap,
© OpenStreetMap-Mitwirkende, ODbL
Druck und Bindung: CPI – Clausen & Bosse, Leck
Printed in Germany 2018
Erstausgabe 2015
ISBN 978-3-7408-0140-3
Aktualisierte Neuauflage Oktober 2018

Vorwort

Aller guten Dinge sind drei. Vor drei Jahren erkundeten wir im Salzkammergut-Band der 111-Orte-Reihe eine besonders schöne Ecke des Landes. Dann folgten »111 Orte in Graz, die man gesehen haben muss«. Dieser Band rundet die »Etwas-anders«-Reisegeschichten über das grüne Herz Österreichs ab. »Hoch vom Dachstein an, wo der Aar noch haust …« – wie in der Landeshymne besungen, ist der höchste Berg der Steiermark ein Ausgangspunkt dieses Buches. Es geht durch üppige Natur, entlang der Flüsse Mur und Mürz, wir besuchen mittelalterliche Städte und zukunftsweisende Projekte, Tradition ist ebenso Trumpf wie moderne Kunst. Wer im Schatten der Weinreben des Südens rastet, versteht den Begriff »Grüne Mark« erst richtig – zwischen Gletschern und sanften Hügeln ergießt sich ein Bundesland voller Leben und Energie als Inspirationsquelle für jeden Besucher.

Erfahren Sie, was Schloss Hainfeld mit Graf Dracula zu tun hat, wo die Käferbohnenprinzessin residiert und der berühmteste »Steirerman« seine ersten Hanteln schwang. Lesen Sie von Schönheitsoperationen bei Minnesängern, von Sesseln, die auf Bäumen wachsen, und einer Sommerresidenz, die Musikgeschichte geschrieben hat. Glasklar schimmert der Grüne See, lockt die Sonnenwende am Teufelstein, zeugen steinerne Hochöfen in Vordernberg von Tradition und steigt der Geruch von heißem Gummi in Spielberg auf. Der Weg führt aus luftigen Höhen hin zu mediterranen Gefilden des Landes … und überall sind Feinspitze herzlich willkommen: Essen und Trinken werden großgeschrieben – purer Genuss wartet zwischen Weinbergen und Almwiesen, unverfälscht und echt.

Mit unserer Auswahl der Destinationen ist hoffentlich der Versuch gelungen, die Steiermark für Gäste und Einheimische gleichermaßen interessant und vielfältig zu beschreiben: Folgen Sie uns auf einem Streifzug zwischen Semmering, Riegersburg, Sulmtal und Erzberg.

Gerald Polzer und Stefan Spath

111 Orte

ARONIA

1 Die Wachsobstsammlung

Was für Früchtchen!

Golden Delicious und Granny Smith, Jonagold Jonathan, Gala und Elstar – damit erschöpft sich das Angebot an Äpfeln im durchschnittlichen Supermarkt. Welcher Schatz im globalen Mainstreaming der Geschmacksnerven verloren gegangen ist, und darüber hinaus welche Poesie, das erschließt ein Besuch der einzigartigen Wachsobstsammlung des Stiftes Admont. In jede der 243 präsentierten Obstsorten möchte man sofort seine Zähne schlagen!

Die Früchtekollektion geht auf die Bemühungen unter Erzherzog Johann zurück, den Bauern in der ersten Hälfte des 19. Jahrhunderts die Vorzüge des Obstanbaus näherzubringen und so einen brachliegenden Ernährungsschatz zu heben. Um ihre Beratungsresistenz zu überwinden, schlüpfte der Obstbauexperte Pater Constantin Keller in die Rolle des Wissensvermittlers und Verführers. Wachs war das Mittel seiner Wahl, der Pater eignete sich das aufwendige Bossierverfahren an, um die in Frage kommenden Sorten in aller Pracht und dabei naturgetreu zu präsentieren. Äpfel und Birnen, aber auch Quitten und die ein oder andere Steinobstsorte erschuf er in unzähligen Arbeitsstunden. Hier etwa leuchtet der große »Edle Princessin-Apfel« aus der Vitrine, daneben der »Weiße Gulderling zu Göß«. Von ähnlich heller Farbe die »Kleine Gelbe Strauß-Muskatellerbirne«, ganz im Gegensatz zur kräftig roten »Roußelet von Rheims«. Das Auge schweift über runzlige Stellen, Schorfflecken und Wurmlöcher – vom Original sind diese Früchtchen kaum zu unterscheiden.

Die barocke Stiftsbibliothek nebenan wurde vom US-Sender CNN unlängst zum »schönsten Bibliothekssaal« ausgerufen, doch diese appetitanregende Kollektion verdient einen eigenen Besuch. Bei manchen der ausgestellten Apfelsorten fragt man sich, ob sie überhaupt noch in der freien Natur zu finden sind. Dem Thema angepasst ist die Gestaltung des Ausstellungssaales – einladend geschwungen, die Formen der Exponate aufnehmend.

Adresse Stiftsmuseum, Admont 1, 8911 Admont, Tel. +43/(0)3613/2312604, www.stiftadmont.at | **Anfahrt** auf der B 146 nach Admont, Beschilderung zu den Parkplätzen am Stift folgen | **Öffnungszeiten** 2. Märzhälfte – Anfang Nov. täglich 10 – 17 Uhr, Winteröffnungszeiten erfragen | **Tipp** Falls Sie Hunger bekommen haben, halten Sie sich an die sündhaft guten Obstkuchen im Stiftscafé.

2 Die Erdefunkstelle

E. T. nach Hause telefonieren? Vielleicht bald.

Mit Freunden in Australien geskypt, ein Fußballspiel aus der Premier League reingezogen und dazwischen heftig gegoogelt. Solange die globalen Datenautobahnen ihre Arbeit verrichten, kümmert der technische Aufwand dahinter die wenigsten. Zeit für einen Besuch in der Erdefunkstelle Aflenz. Schon von Weitem glitzern im Sonnenlicht die Parabolantennen, die dem Dörfchen Graßnitz das Gepräge einer Science-Fiction-Kommune verleihen. Die Antennen-Phalanx, betrieben von A 1 Telekom Austria, ist Österreichs wichtigste Schnittstelle im globalen Datenverkehr. Den dazugehörigen Gebäudekomplex sieht man nicht – der Wiener Architekt Gustav Peichl hat ihn einfach in den grünen Wiesenhang gebaut.

Im Besucherzentrum wird das Hightech-Mysterium verständlich erklärt. Der Teleport Aflenz stellt Telefon- und Internetverbindungen nach Übersee her, bringt der Weltöffentlichkeit Österreich in die Stube – etwa in Form des Neujahrskonzerts – und umgekehrt. Mit Lichtgeschwindigkeit werden digitalisierte Datenpakete aus Ton, Bild oder Schrift an Satelliten in 36.000 Kilometer Höhe geschickt, von dort in die Bestimmungsregion gesandt und zugestellt. Ein Rennen gegen die Zeit, millionenfach am Tag, das übrigens nur 400 Millisekunden dauert, so heißt es in einem Infovideo.

Was 1980, also etwa zu der Zeit, als E.T. nach Hause telefonieren wollte, begonnen hat, wächst sich aus – dem explosionsartigen Zuwachs im internationalen Datenverkehr Folge leistend. Zu den vier riesigen Parabolantennen mit bis zu 32 Metern Durchmesser kommen 50 kleinere Schüsseln und Antennen. Ein Fotovoltaik-Park liefert saubere Energie für die sensiblen Einrichtungen, Notstromaggregate sorgen für ein Back-Up, der nächste Flughafen – und damit elektromagnetische Störungen – ist weit entfernt. Man ist immer auf dem jüngsten Stand der Technik. Das ließe E.T. Hoffnung auf ein Telefonat nach Hause.

Adresse Graßnitz 160, 8623 Aflenz-Graßnitz | Anfahrt B 20 nach Aflenz, im Ortsteil Graßnitz zum Ziel (ausgeschildert), Parkplatz unterhalb der Sendeanlagen | Öffnungszeiten von außen zu besichtigen, Besucherzentrum mit Multimediaschau täglich 9–17 Uhr frei zugänglich | Tipp Genießen Sie von der Buschenschank Hangler Huabn (Feistring 32, www.hangler-huabn.at, an Sommerwochenenden) einen phantastischen Blick ins Tal und die extra üppig belegten Jausenbrote aus bäuerlich erzeugten Lebensmitteln.

3 Das Friedenskircherl

Per Anschauungsunterricht zur Gelassenheit

Scheinbar ansatzlos sprießt aus dem Fels ein Büschel von Alpen-Glockenblumen. Zehn Schritte weiter krallen sich Latschen an ein paar Erdkrumen, die ihnen der grauweiße Kalk in 1.900 Metern Höhe am Stoderzinken gewährt. Beinahe jeder Schritt hin zum Friedenskircherl hoch über dem Ennstal kündet von der Fähigkeit der Natur, das Leben zu zelebrieren. Gut möglich, dass der Auftraggeber des Bauwerks, Emil Ritter von Horstig d'Aubigny, um 1900 diesen exponierten Platz wählte, um den Besuchern seine Botschaft der Toleranz (gemünzt auf die Konfessionen) durch simplen Anschauungsunterricht näherzubringen. Was sich auf dem 20-minütigen Spazierweg an Natur- und Panoramawundern aneinanderreiht, ist tatsächlich Grund genug, etwas demütiger gestimmt zu werden.

Wie ein Schwalbennest klebt die hölzerne Kapelle an den südlichen Steilwänden des Stoderzinkens. Mit Rückendeckung durch den Fels, einem Schindelkleid und Blitzableitern ist sie zwar robust ausgestattet, trotzdem hat die örtliche Bergrettung genug damit zu tun, das Bauwerk zu erhalten. Manchmal poltern Steine aufs Dach. Wer sich dem Kircherl nähert, glaubt, dass es sich eine Spur vor dem Abgrund verneigt. Als Ausguckposten ist der Platz unübertroffen. Das Ennstal liegt einem 1.200 Meter tiefer zu Füßen, nach West und Ost schweift der Blick kilometerweit, im Süden lachen einen die Ketten der Niederen Tauern an, und unterwegs eröffnen sich auch Blicke auf die gezackten Reihen des Dachsteinmassivs.

Wer das Glöckchen im Kirchturm zum Läuten bringt, so heißt es, dem erfüllt sich ein Wunsch. Ritter von Horstigs letzter Wunsch war es, dass seine Asche am Gröbminger Hausberg verstreut werden möge. Er wollte ein Blümlein auf dem Stoderzinken werden, informiert eine Gedenktafel. Und so klingt der Mann, der einen Ort der Besinnung für alle Wanderer schuf, hier auch irgendwo im Kreislauf der Natur nach.

Adresse Stoderzinken-Gipfelbereich, 8966 Aich, www.stoderzinken.at/friedenskircherl | Anfahrt B 320 nach Gröbming, im Ortsteil Winkl auf die Stoderzinken-Alpenstraße zum letzten Parkplatz und von dort 20 bis 30 Minuten zu Fuß auf gut gesichertem Pfad zum bestens ausgeschilderten Ziel | Öffnungszeiten circa Mai–Okt. zu Öffnungszeiten der Alpenstraße | Tipp Waghalsige Naturen wagen sich auf die Stoderzinken-Zipline – sie befördert einen rasant und aussichtsreich zu Tal (an der Mautstelle Alpenstraße, www.zipline.at).

4 Die Florianikirche

Modern, archaisch, grün

Nirgendwo in Österreich ist die Dichte an innovativer sakraler Architektur und Kunst höher als in der Diözese Graz-Seckau. Experimentelles sprießt auch mitten am Land, wie die Kirche zum heiligen Florian in Aigen im Ennstal unter Beweis stellt. Drei Brücken, die einen Bachlauf überspannen, führen in den ortsmittigen Kirchenbezirk. Blickfang der 1992 eingeweihten Florianikirche ist ihr begrüntes Dach. Die Absicht des Architekten Volker Giencke war es, der Natur die verbaute Fläche in Form einer Wiese zurückzuerstatten. Das ist in der Sakralarchitektur Mitteleuropas wohl noch selten verwirklicht worden. Mittlerweile wuchert auf der 600 Quadratmeter großen Fläche auch schon der ein oder andere Strauch. Das Grasdach ragt weit über den Baukörper hinaus und sorgt so auch für Schutz vor den Elementen.

Weiße Stahlträger verleihen dem Dach Halt und dem Glockenturm nebenan Charakter. Er erinnert an einen transparenten Aufzug, der gen Himmel fährt. Reduziert in der Ausstattung, aber spirituell aufgeladen bietet sich das zum Altar hin leicht abfallende Kircheninnere dem Besucher dar. Eine Fensterfront wie aus dem Baukasten des US-Künstlers Mark Rothko erzeugt eigenwillige Lichtstimmungen. Die Palette der Farbfelder reicht von Gelb- bis zu Rot- und Brauntönen. Der Volksaltar, ein mit Glasbrocken gefüllter Glasquader, setzt das Thema Transparenz fort. Integriert in den Gottestisch ist eine Reliquie des Kirchenpatrons, die der Krakauer Erzbischof Kardinal Macharski den Steirern für ihr neues Gotteshaus zukommen ließ – Krakau ist einer jener Orte, wo der Legende nach der heilige Florian begraben liegen könnte. Zu den wenigen Kunstwerken älteren Datums zählt eine Statue des Kirchenpatrons. Der Tabernakel erinnert an einen Tresor, am Lesepult rankt sich Grün empor. Fließend gehen das Moderne, das Archaische und das Ökologische in der Florianikirche ineinander über.

Adresse Aigen 96, 8943 Aigen im Ennstal, www.aigen.at/Florianikirche.111.0.html | **Anfahrt** A 9, Ausfahrt Liezen, weiter auf B 320 nach Aigen | **Öffnungszeiten** tagsüber in der Regel frei zugänglich | **Tipp** Besuchen Sie den Putterersee 750 Meter südwestlich – ein Bade- und Naturjuwel – oder, wenn Ihnen der Sinn nach Kulturgenuss steht, die Sammlungen von Schloss Trautenfels sechs Kilometer westlich.

5 Das Pürgschachen Moos

Mehr Moore braucht das Land

»O, schaurig ist's, übers Moor zu gehen« – so heben bekannte Zeilen über einen Lebensraum an, der seit jeher ein unheimliches Image genießt. Nicht Wasser und nicht Land, karg auf den ersten Blick und trotzdem unheimlich anziehend für Naturfreunde präsentiert sich auch das Pürgschachen Moos bei Ardning. Fallensteller und Wegelagerer sind im größten weitgehend intakten Talbodenhochmoor Österreichs tatsächlich unterwegs: etwa der Sonnentau, der Insekten schöne Augen macht und sie damit in seine tödliche Umarmung lockt. Die mit klebrigem Sekret versehenen Tentakel erlauben kein Entrinnen – die Pflanze holt sich von ihren Opfern Phosphor und Stickstoff, Bausteine des Lebens, die dem sauren Torfboden fehlen.

Über den Schlenken, feuchten Mulden, kreisen Libellen. Hier sorgen Blaubeeren und Rauschbeeren für bunte Tupfer, dort bilden junge Birken eine Säulenhalle. Ein Gewirr aus Latschen überzieht den größten Teil des Moores. Der mit Hackschnitzeln bestreute Rundweg passiert Ausguckposten und Erlebnisstationen. Nach starken Regenfällen schwankt der Untergrund und erinnert Spaziergänger gluckernd-schmatzend daran, dass fester Boden in Mooren eine Illusion ist. Nicht zuletzt diese Soundkulisse verleiht einer Wanderung, wie sie Annette von Droste-Hülshoff in der Ballade »Der Knabe im Moor« (1842) atmosphärisch einzigartig verdichtete, eine geheimnisvolle Note.

Der ökologische Nutzen dieser Urlandschaft wird an einem renaturierten Torfstich manifest. Moore speichern mehr Kohlenstoff als jedes andere Ökosystem der Welt, indem sie ihn aus der Atmosphäre in langlebigen Torf umwandeln. Was also die Autokolonnen auf der nahen Pyhrn-Autobahn in die Luft pusten, das, so könnte man sagen, wird gleich nebenan wieder gebunden. Es bräuchte ein Mehr an Mooren – aus Klimaschutzgründen und nicht nur weil diese Urlandschaften so schön zu begehen sind und großes Naturkino ausrichten!

Adresse an der B 146 zwischen Liezen und Admont, circa 1,5 Kilometer südwestlich von 8904 Ardning, www.moor.ardning.at | **Anfahrt** A 9, Ausfahrt 67 Ardning, B 146 Richtung Ardning Ort, das Ziel (Parkplatz an Bundesstraße) befindet sich rechter Hand | **Öffnungszeiten** Der Moorlehrweg ist ganzjährig frei zugänglich. | **Tipp** Besuchen Sie die hoch über dem Ennstal aufragende Wallfahrtskirche Frauenberg fünf Kilometer östlich.

6 Der historische Kurpark

Feudales Lustwandeln

Wellington assoziiert man mit dem englischen Feldherrn bei Waterloo und der gleichnamigen knusprigen Fleischspeise. Der »Wellingtonia« jedoch ist ein Mammutbaum und das Wahrzeichen des Kurparks in Bad Gleichenberg – 50 Meter hoch, gut zehn Meter im Umfang und 1872 gepflanzt. Dieses kalifornische Urgewächs kann bis zu 3.000 Jahre alt werden und passt gut zum Park, der von Reichsgräfin Emma von Wickenburg 1837 gegründet wurde. Beim Aushub eines Brunnens fand man Münzen und versteinerte Haselnüsse aus der Zeit nach Christi Geburt – ergo ein Begegnungsort seit Jahrtausenden. Die Römer nutzten das Wasser von Bad Gleichenberg als Heilquelle; nachdem ihre Herrschaft beendet war, spritzten Bauern der Umgebung ihren Most und Wein mit dem Mineralwasser. Erst durch den Arzt Ignaz Werlè und die Grafen von Wickenburg wurde 1834 der Kurort als solcher aus der Taufe gehoben und bald zu einem gesellschaftlichen Hotspot der Donaumonarchie. Um nach den Trinkkuren keine Langeweile aufkommen zu lassen und die Kommunikation en passant zu fördern, plante und pflanzte der »Johannisbrunnen-Actienverein« eine Parklandschaft rund um das prächtige Kurgebäude. Die Anlage besteht faktisch noch gemäß der damaligen Idee, ist artenreich gestaltet und eine Reise durch die exotische Fauna: Hier kann man auf großzügigen Wegen vortrefflich unter Maulbeerbäumen, Zedern, Magnolien und Essigbäumen lustwandeln, im grünen Feudalambiente beruhigt sich jeder noch so gestresste Geist augenblicklich.

Üppiger Stuck und ausladende Balkone der Gründerbauten sind leider weitgehend verschwunden, da Bad Gleichenberg im Zweiten Weltkrieg Kriegsschauplatz war. Sie wurden ersetzt durch moderne Hotelbauten und ein Kurhaus, das sich mit Naturstein, viel Glas und Lärchenholz hervorragend in die Parklandschaft einfügt … Häuser entstehen und entschwinden, der Wellingtonia bleibt.

Adresse Kurpark, 8344 Bad Gleichenberg | **Anfahrt** von der A 2 bei Gleisdorf-Süd abfahren und über die B 68 weiter nach Bad Gleichenberg und ins Zentrum fahren | **Öffnungszeiten** Der Park ist jederzeit zu besuchen. | **Tipp** Der Styrassic Park am Dinoplatz 1 bietet Kurzweil für Kinder und Erwachsene, die urzeitliche Geschöpfe aus nächster Nähe beäugen wollen.

7 Das Schlüsselfresko

In der Tiefe der Zeit

Tom Hanks ist im Blockbuster »Der Da Vinci Code« auf der Spur dunkler Geheimnisse im Vatikan und befindet sich auf permanenter Jagd nach den letzten Weisheiten der Menschheit. Um etwas Wunderbares im tiefen Gewölbe zu sehen, muss man nicht drei Stunden Hollywood konsumieren, sondern kann in Bad Radkersburg leichten Fußes ein verstecktes Kleinod betrachten.

Hier die Anleitung: Sie betreten das Tourismusbüro am Hauptplatz, bekommen einen Schlüssel samt Wegbeschreibung ausgehändigt, gehen bis zum Hauptplatz Nummer 30, biegen in einen Innenhof ein, noch ein paar Stufen, dann öffnen Sie das Schloss und stehen vor einem renovierten Wandfresko, das von Johannes Aquila und seiner Werkstatt im späten 14. Jahrhundert erschaffen wurde. Im Keller der ehemaligen Pistorkaserne sind Fragmente erhalten geblieben, die in dunklen, kräftigen Farben auf blaugrauem Hintergrund gemalt sind und antike Legenden darstellen. Ein Bild zeigt das tragische Liebespaar Pyramus und Thisbe, die ja Vorbild für Shakespeares Romeo und Julia waren, an anderer Stelle sehen Sie Jagd- und Turnierszenen, ein prächtiges Schloss, die Belagerung einer Stadt und das Gemetzel einer Schlacht.

Zwar sind einige Fresken nicht mehr rekonstruierbar, doch das hat einen sehr profanen Grund: Lange Zeit war dieser Keller Schauplatz von exzessiven Trinkgelagen, und die Saufkumpane interessierte eher der Inhalt ihrer Becher als schöne Gemälde an den Wänden.

Wenn Sie den Keller verlassen – Schlüssel abgeben nicht vergessen! –, können Sie die »Johannes-Aquila-Gedächtnis-Schnitzeljagd« fortführen, denn an der Außenfront der Stadtpfarrkirche ist ebenfalls ein Freskofragment des großen Meisters aus dem Jahr 1405 zu betrachten. Dunkle Geheimnisse der katholischen Kirche werden nicht aufgedeckt, denn im mediterranen Bad Radkersburg geht es gottlob beschaulicher zu als im intriganten Rom.

Adresse 8490 Bad Radkersburg, Schlüssel bei der Touristinfo: Hauptplatz 14, Tel. +43/(0)3476/2545, info@badradkersburg.at, www.badradkersburg.at | Anfahrt A 9, Ausfahrt Gersdorf, auf der B 69 in den Ortskern von Radkersburg fahren | Öffnungszeiten Touristinfo Bad Radkersburg Mo–Fr 9–17 Uhr, Sa 10–12 Uhr | Tipp Das »Zehnerhaus« am Hauptplatz 10 bietet das ganze Jahr über interessante Veranstaltungen. Informationen unter www.zehnerhaus-badradkersburg.at.

8 Die Zunfttruhensammlung

Freisprechung gut versperrt

So eine Zunftversammlung war eine ernste und erhabene Angelegenheit: Festlich gekleidete Männer scharten sich um eine Truhe, öffneten sie und entnahmen ihr alle notwendigen Utensilien, um die Sitzung eröffnen zu können. Kein böses Wort durfte gesprochen, kein Würfelspiel ausgepackt und keine Waffe im Raum sein, solange die Lade offen war – sie verlieh der Zeremonie Würde und Feierlichkeit. Diese mittelalterlichen Rituale hatten in der Steiermark besonders starke Wurzeln, alle Zünfte waren hierarchisch organisiert und sogenannte »Hauptladen« die oberste Instanz bei allen Bräuchen und Reglements des Handwerks. In ihrem Beisein wurden Lehrlinge freigesprochen, Gesellen zu Meistern gemacht und Zugezogene in den ehrbaren Kreis aufgenommen. Die Truhen dienten als Aufbewahrungsort für Dokumente, Urkunden, Wappen, Siegel und – ganz wichtig – Willkommensbecher, die beim entspannten Ausklang der Sitzungen zum massiven Einsatz kamen. Das Museum im Alten Zeughaus zu Radkersburg stellt die umfangreichste Sammlung Europas zur Schau. In Reih und Glied bezeugt eine Vielzahl von Truhen die große Handwerkstradition dieser Stadt. Sie sind aus Nuss-, Kirsch- oder Buchenholz gearbeitet, mit Intarsien verziert, verfügen über Metallbeschläge und Schlösser, denen man ansieht, dass sie richtig gut sperren – jeder Kasten ist ein Einzelstück und hat spezifische Bedeutung.

Sogar als Zeugen vor Gericht mussten die Truhen herhalten: Vor dem geöffneten Deckel hielten die Zunftmeister Gericht über Mitglieder, die sich Malversationen zuschulden kommen ließen. Allgemein wurden bei Petitessen Geldstrafen verhängt, doch es konnte der zeitweilige oder endgültige Ausschluss drohen. Solche Schiedssprüche nannte man »das Handwerk legen« … bei so manchen Skandalen in Zeiten der »globalen Zünfte« würde man am liebsten eine der schweren Truhen aus Bad Radkersburg herbeiwünschen.

Adresse Museum im Alten Zeughaus, Emmenstraße 9, 8490 Bad Radkersburg, Tel. +43/(0)3476/350010300, museum@badradkersburg.at | **Anfahrt** A 9, Ausfahrt Gersdorf, B 69 bis in den Ortskern von Radkersburg | **Öffnungszeiten** Mai–Okt. Di–Sa 14–18 Uhr, Do geschlossen | **Tipp** In der Emmenstraße 13 steht das »Hotel zur Alten Sporgasse« – ein Haus voll mediterranem Flair.

9 Der Friedensweg

Auslüften für die Seele

Künstler und Kirche passen hervorragend zusammen, seit Menschengedenken verwirklichen sich große Meister in Sakralbauten. Bei der Sankt-Barbara-Kirche in Bärnbach hat Friedensreich Hundertwasser noch ein Schäuferl nachgelegt und rund um das Kirchenschiff einen faszinierenden Friedensweg geschaffen – auf zwölf Stationen wird aller Glaubensrichtungen unserer Erde gedacht.

Zuerst innehalten im Gebäude, dann entspannt ausspazieren, das hat was und macht die Seele richtig luftig. Im Gotteshaus warten ein Kreuzweg von Professor Pointner und andere Objekte Bärnbacher Künstler – Hundertwasser selbst hat einen Strahlenkranz und den Bogen des Presbyteriums in seiner Mosaiksprache unnachahmlich gestaltet. Zwiebelturm, geschwungene Dächer und Fenster sowie buntscheckige Dachziegel geben der ursprünglich streng gestalteten Kirche eine sanfte und versöhnliche Anmut. Seine Idee der Verständigung aller Menschen und Religionen lässt sich bei den zwölf Toren am besten nachvollziehen: Hier fließen Gesten der Ökumene, Toleranz und Gemeinsamkeit, verbunden durch einen gepflasterten Weg, zu einem runden Ganzen zusammen. Zeichensprache, Symbole, mystische Hinweise und Friedensreich Hundertwasser – nichts fügt sich besser ineinander!

Die großen existierenden Glaubenslehren werden ebenso bedacht wie längst vergangene Bekenntnisse, als Wandler zwischen den Welten kann der Besucher durch Zeit und Raum schreiten. Ob Buddha, siebenarmiger Leuchter, Bibel, Yin und Yang, Svastika, aufgehende Sonnen oder ein Neumond mit Stern, jedes Tor versteht sich als Teil der Menschheit und ihrer Vorstellung des Transzendenten. Die Neue Welt mit der versunkenen Maya-Kultur, Kulte aus Ozeanien und Afrika und ein Labyrinth als Symbol der ewig suchenden Seele runden das Werk eines Künstlers ab, der selbst sein Leben lang versuchte, den Weg des Wahren und Echten zu beschreiten.

Adresse Piberstraße 15, 8572 Bärnbach, Tel. +43/(0)3142/62581, kirche@baernbach.at | **Anfahrt** von der A2 bei Mooskirchen abfahren und auf der B70 bis nach Bärnbach weiterfahren | **Öffnungszeiten** tagsüber zu begehen | **Tipp** Das Glasmuseum Bärnbach ist von innen und außen sehenswert – durchscheinende Architektur und außergewöhnliche Glaskunstwerke.

10 Der Bärenhof

Tanzbären außer Dienst

Heidi verortet man in der Schweiz, zusammen mit dem Alm-Öhi und einem prächtigen Alpenpanorama. In Berghausen sind die Hügel sanfter, und im Bärenhof lebt eine zweite Heidi, die stärker gebaut ist als das Original. Die syrische Kampfbärin musste jahrelang gegen Hundemeuten um ihr Leben ringen und war gewissenlosen Geschäftemachern ausgeliefert. Doch sie hatte Glück, wurde von Tierschützern befreit und kann heute mit anderen Bären, Hängebauchschweinen und Bisons in der Südsteiermark einen geruhsamen Lebensabend verbringen.

Die gelernte Architektin Elke Weber hat vor einigen Jahren das Lebenswerk ihres Vaters übernommen und bewirtschaftet nun das ausgedehnte Gelände. Im Freigehege haben die Bären den Auslauf, den sie in ihren engen Käfigen so lange vermissen mussten. Um die Tiere in Bewegung zu halten und den Besuchern eine kleine Show zu bieten, wird das Futter entlang der Zuschauerwege ausgestreut. Wer nun glaubt, dass riesige Fleischbrocken verdrückt würden, der irrt, denn Bären sind Allesfresser, und zu einem Gutteil besteht die Nahrung aus Gemüse und Obst. »Heidi und ihre Kollegen sind wahre Feinspitze, bei Innereien rümpfen sie die Nase, und Industriegemüse hat keine Chance, das würden sie sofort herausschmecken«, erklärt Bärenmutter Elke Weber. Das Schauspiel ist jedenfalls einzigartig, denn die Tiere haben großes Vertrauen zu ihr und legen sich in Griffweite auf den Rücken, um genüsslich hofeigene Äpfel und Karotten zu verspeisen – die Chefin darf sogar ab und an die Bärentatzen kratzen.

So nah an »wilde Kreaturen« wie hier in Berghausen kommt man sonst nur in kanadischen Wäldern oder der russischen Taiga – Berghausen mit seinen dicken Eisenstäben als Schutz ist aber der bessere Begegnungsort! Heidi und ihre Freunde haben zwar einen treuherzigen Blick, doch den Urinstinkt eines Raubtiers nicht verloren … aber zum Streicheln gibt es eh herzige Kuscheltiere am Hof.

Adresse Wielitsch 40, 8461 Berghausen, Tel. +43/(0)664/5224220, baerenhof.berghausen@gmail.com, baerenhof-berghausen.com | Anfahrt von der A 9 bei der Abfahrt Spielfeld abfahren und auf der B 69 und L 613 weiter nach Berghausen fahren | Öffnungszeiten Anfang März–Mitte Nov. täglich 9–18 Uhr | Tipp Gleich um die Ecke steht das »Atelier Gasthaus Sonnenberg« (Tel. +43/(0)3453/5219). Melden Sie sich an, dann gibt es Kunst und Jause vom Feinsten.

11 Das »Steirisch Ursprung«

Venus und Holzhacker

Wer Außergewöhnliches, ja Einzigartiges schaffen will, der braucht neben Fleiß und eisernem Willen auch eine Prise Verrücktheit, um seine Träume wahr werden zu lassen.

Wie Klaus Kinski in »Fitzcarraldo« auf dem Kirchturm die Glocke schlägt und »Ich will eine Oper bauen!« ruft, so hat Walter Neuwirth vor einigen Jahren beschlossen, in Brodingberg ein Hotel – nein, ein Gesamtkunstwerk – aus dem Boden zu stampfen. Zwischen Gleisdorf und Eggersdorf ein Haus in dieser Dimension zu bauen, grenzt an … aber schauen Sie sich die Sache selber an! Hier nur ein kleiner Auszug dessen, was einen erwartet. Biopionier Neuwirth legt größten Wert auf Natürlichkeit und Authentizität. Alle Zimmer des Hotels sind getreu einem Motto eingerichtet – das gesamte Interieur ist nach Originalvorlagen gebaut, um das Lebensgefühl des 18. Jahrhunderts zu vermitteln, denn Erzherzog Johann ist Ideenspender des Hauses. Eine in Rottönen gehaltene Suite ist der Liebesgöttin Venus gewidmet, in Bauern- und Holzhacker-Zimmern warten bemalte Möbel und reduziertes Inventar – technisch auf dem neuesten Stand und trotzdem heimelig.

Man kann in Lärchenholz-Bottichen ein Bierbad nehmen, im größten Bienenstock der Welt Seminare abhalten und in einer hauseigenen Schmuckausstellung Exponate historischer Volkskunst bewundern. In jedem Winkel hält sich eine neue Überraschung versteckt, das Haus gleicht einem Füllhorn der Ideen, wie man in einer Zeit vieler Angebote trotzdem einzigartig bleibt. Im Filmfinale fährt Kinski mit dicker Zigarre auf einem Dampfer von dannen, und die Musik von Enrico Caruso lässt die Hoffnung auf seine Oper weiterleben.

Wer den Tausendsassa Walter Neuwirth kennenlernt, weiß, dass das »Steirisch Ursprung« nur eine Etappe auf dem Weg zum großen Ziel ist: seinen Gästen das ultimative Erholungserlebnis zu bieten, bei dem alle Sinne gefordert sind.

Adresse Brodersdorferstraße 85, 8200 Brodingberg, Tel. +43/(0)3117/5171, hotel@steirischursprung.at, www.steirischursprung.at | **Anfahrt** von der A 2 bei Gleisdorf abfahren und auf der B 65 Richtung Eggersdorf fahren, Hotel direkt an der Straße | **Öffnungszeiten** täglich geöffnet | **Tipp** Das Schloss Freiberg (Ludersdorf 30, 8200 Gleisdorf) ist eine prächtige Kulisse für Veranstaltungen aller Art.

12 Die ehemalige Heiligen-Geist-Kapelle

Im dritten Leben ein Mahnmal

Ein Strauß von Betonpfeilern, ein Gewirr von Asphaltbändern, eingesponnen in einen Lärmkokon vorbeibrausender Autos. Der Straßenknoten südlich von Bruck bietet ein grau-tristes Bild. Den einzigen Lichtblick weit und breit bildet die ehemalige Heiligen-Geist-Kapelle. Pest, Hunger und Krieg galten im Mittelalter als »Dreifaltigkeit des Bösen«, die sich nur durch die Anrufung der Heiligen Dreifaltigkeit in die Schranken weisen ließ. Gut möglich, dass eine Häufung solcher Heimsuchungen eine Gruppe wohlhabender Bürger im Jahr 1494 zur Stiftung einer Kapelle bewog. Die Grundform eines gleichseitigen Dreiecks mit abgeschrägten Kanten, ursprünglich drei Altären und drei gleich großen Fenstern, versehen mit einem Steildach als Symbol für die Hinwendung zum Himmel, macht sie, so Kunsthistoriker, zu einem Unikat der europäischen Sakralarchitektur.

Drei Jahrhunderte später wurde das Gotteshaus profaniert und erlebte eine Vielzahl von Verwendungen. Zunächst kamen unter dem Sterngewölbe Pferde unter, dann wurden Wein und Bier ausgeschenkt, schließlich Zwischendecken eingezogen und Kleinwohnungen hineingequetscht. Mit der Errichtung des Brucker Straßenknotens zogen die Mieter aus, der Verfall schien eine Frage der Zeit. Bis sich unter Federführung der Familie Harnoncourt ein Förderverein bildete und die Renovierung des versteckten Baujuwels anging. Mit dem Abschluss der Arbeiten spätestens 2019 soll der Fels in der Verkehrsbrandung ein Ort der Spiritualität werden. Die Pläne zeigen durchgehende Bänke an den Innenwänden, ein Panoramafenster soll die stilisierten Umrisse des Straßenknotens als »Logo« erhalten. So könnte das spätgotische Baujuwel in seinem dritten Leben auch als Mahnmal gegen eine moderne Trinität des Grauens dienen: Umweltzerstörung, Klimavergiftung, Lärmhölle.

Adresse Einödstraße 12, 8600 Bruck an der Mur, www.bruckmur.at/hgk | **Anfahrt** S 6 nach Mur, Ausfahrt S 35 Richtung Graz, dann zurück über Einödstraße bis nach Unterquerung Schnellstraßenkreuz, Ziel auf der linken Seite; zu Fuß aus der Innenstadt / Bhf via Wiener Straße auf die rechte Murseite wechseln, dort der Einödstraße nach links folgen und circa 500 Meter weiter | **Öffnungszeiten** von außen zu besichtigen und nach Vereinbarung mit Tourismusverband, Tel. +43/(0)3862/30601 | **Tipp** Besichtigen Sie das Kornmesserhaus in der Altstadt – einen der schönsten gotischen Profanbauten Österreichs.

13 Das Naturschutzzentrum

Wildtiere, nicht mehr in Not

Es murmeln die Bäche, es bimmeln die Kuhglocken, und es locken die Abenteuerspielplätze – das Weitental ist ein Naherholungsgebiet, wie man es sich als Brucker nur wünschen kann. Mit dem Naturschutzzentrum beherbergt die Grünoase südlich der Stadt auch eine einzigartige Einrichtung, die in Not geratenen Wildtieren, in erster Linie Greifvögeln, Erholung und ein temporäres Zuhause bietet. Ein Krächzen und Kreischen liegt in der Luft. Ein Schreiadler macht seinem Namen alle Ehre. Aus einer Voliere macht ein Uhu den Besuchern Schlafzimmeraugen. Zwei Vogelhausnummern weiter üben Turmfalken hektisch für den Tag X, wenn es zurück in die Freiheit geht. Die Schützlinge wieder auszuwildern ist das Ziel der Tierschützer – manchmal, aufgrund von Fehlprägungen auf Menschen oder bei zu schweren Verletzungen, ist das aber nicht möglich.

Rund 200 Tiere durchlaufen die Station jährlich. Neben verstoßenen, aus dem Nest gepurzelten oder verunfallten Greifvögeln zählt etwa der Jungfuchs, dem die Eltern abhandengekommen sind, zu den Asylberechtigten. Schwächelnden Igeln bietet die Wildtierstation eine Ruhezone, um über den Winter zu kommen. Auch ein Fischotter und ein Waschbär trugen sich bereits in die Gästeliste ein.

Das Naturschutzzentrum ist in ein Netzwerk zur Erhaltung seltener Arten eingebunden. Ein weiß-bräunlich gefiederter Habichtskauz kündet von der Mitwirkung an dem länderübergreifenden Vorhaben mit dem Ziel, die größte Waldeule Mitteleuropas wieder in Österreich heimisch zu machen. Sechs Jungkäuze steuerten die beiden Pärchen aus dem Weitental im Jahr 2016 zum Projekterfolg bei. Der dritte Schwerpunkt ist naturpädagogischer Art. Mittels Schautafeln und Führungen lernen etwa Schulklassen, Wildtiere an ihren Trittsiegeln zu identifizieren. Und wer Lust auf nähere Bekanntschaft verspürt: Die Ziegen im Haustierhof, die darf man auch streicheln.

Adresse Stadtwaldstraße 43, 8600 Bruck an der Mur, Tel. +43/(0)664/1515876, www.naturschutzzentrum.at | **Anfahrt** S 6 nach Mur, Ausfahrt S 35 Richtung Graz, dann zurück über Einödstraße zur Stadtwaldstraße, Parkplatz Weitental und zehn Minuten zu Fuß; aus der Innenstadt/Bhf via Wiener Straße und Fußgängerbrücke auf die rechte Murseite wechseln, ab Kreisverkehr an Einödstraße orientieren | **Öffnungszeiten** April–Okt. 9–18 Uhr | **Tipp** Lernen Sie das bezaubernde Weitental auf einer Wanderung zum Schutzhaus Hochanger kennen (täglich geöffnet, circa 1,5 Stunden ab Naturschutzzentrum).

14 Die Zündholzfabrik

Dieses Zischen und Knistern

Hans Christian Andersen ist weltberühmt für seine Märchen und Geschichten. Ganz tief ins Herz geht »Das kleine Mädchen mit den Schwefelhölzern« – soziale Kälte und industrielles Zeitalter bekommen hier ein Gesicht. Zündhölzer als Zeichen der Wärme und Hoffnung haben in Deutschlandsberg eine lange Tradition, hier hatte die Firma Solo einen wichtigen Standort, und mit den Zündhölzern kamen Wohlstand und Prosperität in die Stadt.

1856 gegründet, war die Solo-Fabrik Teil eines Industriekonglomerats in der k.u.k.-Monarchie, das weltweit Küchenherde, Kronleuchter und Zigarren befeuerte. Im 20. Jahrhundert ein hochmoderner, mit Produktionsautomaten ausgestatteter Betrieb, überdauerte er die Wirrnisse beider Kriege und hatte in den 1950er Jahren mit 800 Angestellten den höchsten Personalstand. Erst der Siegeszug der Feuerzeuge und die zunehmende Abkehr von offenem Licht ließen die Kurve nach unten sinken und führten zur Schließung des Betriebs. Der 45 Meter hohe Fabrikschlot als Symbol der Industriestadt wurde gesprengt, und nur die Lagerhalle in der Frauentaler Straße blieb übrig vom einstigen Glanz.

Ihre Architektur ist ein Beispiel für damalige Industriehallen: Hohe und breite Fenster sorgten für viel Licht, übersichtliche Räume für klare Produktionsabläufe. Heute beheimatet das Areal städtische Betriebe, und eine Plakette an der Fassade erinnert an die Tradition der Firma – doch wer den Blick über die Außenfront schweifen lässt, kann die einstige Dimension eines tonangebenden Industriebetriebs erahnen. Streichhölzer sind weitgehend aus dem Alltag verschwunden, Technik und Automatisierung haben Zischen und Knistern der Reibeflächen und Brennköpfe aus dem Gedächtnis verschwinden lassen … nur einige Raucher kennen noch diese Laute. Doch es gibt Leute, die an Museen für aussterbende Geräusche arbeiten – hoffentlich haben sie diesen »Sound of Fire« nicht vergessen.

Adresse Frauentaler Straße 5, 8530 Deutschlandsberg | **Anfahrt** A 2, Ausfahrt Lieboch, B 76 bis nach Deutschlandsberg und in die Frauentaler Straße | **Öffnungszeiten** jederzeit zu besichtigen | **Tipp** Die Burg Deutschlandsberg thront als Wahrzeichen über der Stadt und beherbergt überdies ein Hotel-Restaurant erster Güte.

15 Der Bäcksteffl

Die Prinzessin auf der Bohne

Wer eine Audienz bei Prinzessin Kate im Kensington Palace ergattert, muss viele Schranken und Kontrollen überwinden, bis er ans Ziel gelangt. In Dietzen bei Halbenrain geht die Sache flotter vonstatten, einmal abbiegen bei der Ortsfeuerwehr, und schon steht man beim »Bäcksteffl« am Hof. Hier residiert Ihre Durchlaucht, die Käferbohnenprinzessin Michaela Summer, und gebietet über ihr Reich von der Bohne bis zum Kernöl.

2008 errang sie diesen ehrenvollen Titel zu Recht, denn sie entstammt einer Familiendynastie, die seit Generationen klassische Mischfelder in der Käferbohnengemeinde Halbenrain bewirtschaftet. Die rot blühenden Pflanzen, schon im 16. Jahrhundert aus der Neuen Welt importiert und seitdem »Kulturgut« des Landes, schlängeln sich um hoch aufgeschossene Maisstauden. Die Früchte werden im November geerntet, in »Winden« gesäubert und zu guter Letzt durch ein Wasserbad und anschließendes Aufkochen in steirische Delikatessen verwandelt.

Von all diesen Dingen wird im Kabinett der Prinzessin erzählt: Wer als Ahnungsloser die Stube betritt, kommt als Wissender hinaus. Hier erfährt man alles über die Geschichte dieser steirischen Urfrucht, ihre Verarbeitung und die 1.000-fachen Möglichkeiten, daraus süße wie pikante Speisen zuzubereiten. Der große Feinschmecker Karl Bajano wird treffend zitiert: »Ein Hauch Widerstand durch die dünne Schale, danach eröffnet sich ein sinnliches Bohnenvergnügen. Fein und cremig schmeichelt der Kern dem Gaumen …« Besser kann man nicht ausdrücken, welcher Hochgenuss den Gourmet erwartet.

Bei Michaelas Bäcksteffl ist das gesamte Sortiment erhältlich: die Bohne im Glas, das nussige Öl, die gerösteten Kerne und süßen Aufstriche, die man in dieser Intensität nicht erwarten würde – eine echte Alternative zu English Breakfast mit Baked Beans … um dieses Gericht beneiden Princess Kate wohl wenige!

Adresse Dietzen 32, 8492 Halbenrain, Tel. +43/(0)664/4151989, info@baecksteffl.at, www.baecksteffl.at | Anfahrt A 9, Abfahrt Gersdorf, B 69 bis Halbenrain | Öffnungszeiten Mi, Fr 10–12 und 14–18 Uhr, Do 14–18 Uhr, Sa 10–12 Uhr | Tipp Das Schloss Halbenrain steht auf den Resten einer uralten Wehranlage – der Vierkanter hat rauen Charme.

16 Das Gipfelbad

Der Blick kann keine Sünde sein!

Baden am Berg hat auch in der Steiermark seine Tücken. Die schönen Bergseen erweisen sich nur für abgehärtete Naturen als Relax-Oasen, ein Umstand, dem seit Kurzem in Donnersbachwald entgegengetreten wird. Dort ist an der Bergstation der Riesneralm-Bahnen in 1.900 Metern Höhe ein beheiztes Gipfelbad im Stil der 1930er Jahre entstanden.

Die Attraktion ist sogar mit einer kleinen Geschichte unterlegt. Sie handelt von einem Hotelier namens Wunibald Gürtler, der in der Zwischenkriegszeit im Tal ein gezimmertes Freibad errichten ließ, um seinen Gästen etwas bieten zu können. Der Wirt hatte die Rechnung ohne den Ortsgeistlichen Rupert Städtler gemacht, Spitzname »Eiserner Besen«. Er erwirkte, dass um das Freibad aus »sittlichen Gründen« ein zwei Meter hoher Zaun aufgezogen werden musste.

Das Gipfelbad der Gegenwart – Achtung: Badehose und Handtuch nicht vergessen! – setzt Transparenz an erste Stelle. Das Erscheinungsbild ist dem Vorbild nachempfunden, wie ein Vergleich mit historischen Aufnahmen zeigt. Den blickdichten Holzzaun hat allerdings eine Verglasung auf drei Seiten ersetzt. Sie hält den Wind draußen und erlaubt es, die Aussicht auf die Gipfelwelt der Niederen Tauern so richtig auszukosten. Gegen Süden hin scheint das Bad nach der Façon eines »Infinity Pools« sogar mit dem Himmel zu verschmelzen. Der Blick kann definitiv keine Sünde sein!

Das Gipfelbad ist mit ein paar Zügen zu durchmessen, doch das tut der Begeisterung vor allem bei den jungen Besuchern keinen Abbruch. Mit der Aussicht auf ein Bad am Berg können die Eltern auch eine vorangehende Wanderung bestens begründen. Einziger Nachteil: Man badet auf der verlängerten Terrasse des Gipfelrestaurants, und die wird dauerbeschallt mit Schlagern à la »Vergess ma', was passiert is', die Zeit, die bleibt nit steh'n«. Da bräucht's einen »Eisernen Besen«, der durch das Musikprogramm fährt!

Adresse Bergstation der Riesneralm-Bahnen, Donnersbachwald 89, 8953 Irdning-Donnersbachtal, Tel. +43/(0)3680/606, www.riesneralm.at | **Anfahrt** B 320 über Schladming bis Trautenfels, über Irdning auf der B 75 bis Donnersbachwald | **Öffnungszeiten** Juli – Mitte Sept. Fr – Mo sowie Feiertage zu Betriebszeiten der Bergbahn, ab 9 Uhr | **Tipp** Erkunden Sie die übrigen Attraktionen am Gipfelplateau – unter anderem gibt es einen originellen Gipfelbarfußweg zu entdecken.

17 Die Weltmaschine

Welt in der Scheune

Reisen bildet ungemein, doch wenn ein Ausflug das ganze Leben auf den Kopf stellt, ist das schon etwas Einzigartiges. Franz Gsellmann, ein Kleinbauer aus Edelsbach, hatte bis kurz vor dem 50. Geburtstag seinen Hof bewirtschaftet, als er 1958 in einer Zeitschrift ein Bild vom neu errichteten Atomium in Brüssel entdeckte. Sein Entschluss war in der Sekunde gefasst: »Dort muss ich hin, das muss ich sehen!« Mit einer Jause ausgerüstet startete Gsellmann eine kleine Weltreise, fuhr von der Südsteiermark nach Belgien und nonstop wieder retour. Im Gepäck ein Atomium-Souvenir, im Kopf den klaren Gedanken, in seiner Scheune eine Weltmaschine zu schaffen, deren Zweck darin besteht, den Menschen einfach Freude zu bereiten.

Stück für Stück baute er aus einem Sammelsurium von Alltagsgegenständen, Motoren, Ventilatoren, Glocken und Rädern einen raumfüllenden Organismus, der blinkt und glitzert, der schnurrt und rattert. Lange Jahre werkelte Gsellmann im Verborgenen, die Nachbarn wunderten sich über kurzfristige Stromausfälle im Dorf, ohne zu ahnen, dass Franz wieder einmal seine Maschine testete. Anfang der 1970er Jahre war das Werk nicht mehr länger geheim zu halten und schlug hohe Wellen. Journalisten rückten an, um diese eigenwillige und einzigartige Skulptur zu bestaunen und zu beschreiben. Selbst eine Dissertation wurde verfasst und ein Spielfilm gedreht – mit, man höre und staune, Christoph Waltz in der Hauptrolle. So erfüllte sich der Traum Gsellmanns, etwas rein des Tuns halber zu verwirklichen und der Welt zu präsentieren.

Als er 1981 für immer die Augen schloss, kratzten ihn Gedanken übers Jenseits wenig. Seine letzten Worte muten an wie der große Plan B: »Hier bin ich fertig, aber im Himmel geht die Arbeit weiter.« Dieses Maß an Zufriedenheit und Angstlosigkeit könnte man sich in den heutigen turbulenten Zeiten als schönes Vorbild nehmen.

Adresse Kaag 12, 8332 Edelsbach, Tel. +43/(0)3115/2983, www.weltmaschine.at | **Anfahrt** A 2, Abfahrt Gleisdorf-Süd, über B 68 und L 366 nach Edelsbach-Kaag fahren | **Öffnungszeiten** täglich 10 – 17 Uhr, Di Ruhetag | **Tipp** In einer »Jurte« gleich ums Eck kann man alles über das Steirische Wollschaf erfahren und außergewöhnliche Produkte – vom Filzhut bis zur Milchseife – kaufen.

18 Die Essigmanufaktur

Nicht zu sauer macht lustig

Streuobstwiesen sind eine Augenweide und ein Teil der steirischen Kulturlandschaft, Unregelmäßigkeit und Zufälligkeit charmante Zeugen von Urwüchsigkeit und Tradition. Jacqueline und Tino Pölzer erkannten früh den Wert dieses ursprünglichen Reichtums und begannen in den 1990er Jahren, eine Biolandwirtschaft aus Überzeugung zu betreiben. Als andere noch auf Plantagen setzten, verarbeiteten die beiden bereits Apfelsorten wie Schafnase, Maschanzker und Kronprinz zu Säften und Essigen. Was damals vielerorts Kopfschütteln auslöste, ist heute die »natürlichste« Sache der Welt. Frisch gepflückte Früchte werden zu alkoholischem Apfelmost vergoren und in der Hightech-Kellerei zu geschmacklich feinnervigem Essig veredelt. Einen besonderen Touch bekommen sie durch Kräuter und Blüten aus regionalem Anbau: Die Kreationen reichen von Ingwer und Knoblauch über Salbei bis zu Granatapfel und Zwetschke. Gemeinsam ist ihnen Intensität und natürlich leichte Säure, hier muss niemand zusätzlich Wasser in den Salat schütten, um die Schärfe zu mildern.

Weitere Schwerpunkte sind die Aussaat und das Schroten traditioneller gelber und schwarzer Senfkörner, die in Kooperation mit umliegenden Bauern umgesetzt werden. Der kurze Weg vom Feld ins Senfglas garantiert den Erhalt ätherischer Öle, kein Funken Geschmack geht auf zu langen Wegen verloren. Zum Drüberstreuen und damit »die Gurgel nicht verrostet«, kann man auch Bio-Cider am Hof ordern; weder Konservierungsstoffe noch andere Zusätze schmälern den Trinkgenuss. Wer seiner Zeit immer voraus war, ist noch heute Trendsetter: Die Pölzers fahren neuerdings eine vegane Schiene, in der auf Gelatine zur Klärung des Essigs gänzlich verzichtet wird. Dieser Prozess wird durch lange Lagerung ersetzt, und die Trübstoffe senken sich von allein ab – hier ist der Begriff »Slow Food« kein Schlagwort, sondern Teil einer innovativen Philosophie.

Adresse Wetterkreuzweg 1, 8063 Eggersdorf, Tel. +43/(0)3117/355611, office@poelzer.net, www.essigkultur.at | **Anfahrt** A 2, Abfahrt Gleisdorf, B 65 nach Brodersdorf und weiter zum Wetterkreuzweg | **Öffnungszeiten** Mo – Do 8 – 13 Uhr oder nach Vereinbarung | **Tipp** Schloss Dornhofen bei Eggersdorf ist ein Renaissancebau mitten auf der grünen Wiese mit reizvollen Arkadengängen.

19 Das Mausoleum

Die steinernen Wächter

Normalsterbliche finden ihre letzte Ruhestätte im kleinen Rahmen, Grüfte sind bereits Zeichen von Familientraditionen. König Mausolos von Karien setzte neue Maßstäbe der Totenverehrung und ließ sich in Halikarnassos ein Denkmal aus Marmor setzen, das zu den sieben Weltwundern der Antike zählte. Dieser Tempel war wohl Vorbild für das Mausoleum in Ehrenhausen, das Ruprecht von Eggenberg Anfang des 17. Jahrhunderts errichten ließ. Vielmehr: errichten lassen wollte – denn der Bau zog sich über fast 100 Jahre hin und ist ein Paradebeispiel manieristischer Architektur.

Das Grabmal besteht aus einem mit Steinbalustraden eingefriedeten rechteckigen Tonnengewölbe mit achteckiger Kuppel. Der Innenraum ist weiß gekalkt, mit reichem Stuckdekor und einem prächtigen Altarbild versehen; vier Figuren, die Stundenglas, Totenschädel, eine verlöschende und eine bereits erloschene Fackel darstellen, sind stumme Zeugen des Todes. Im eigentlichen Grabraum liegt der Sarkophag von Ruprecht, daneben der seines Neffen Wolf. Erzbischof Theodor Kohn hat den prächtigsten Sarg aus Glas, Metall und Marmor.

Die Schaufront zeigt steinerne Zeugen des Manierismus: Zwei Grabwächter, Werke des Bildhauers Andreas Marx, stellen antike Krieger in Rüstung mit Löwenfell, Schwertern und Keulen dar. Andere Details an der Außenfront erinnern an die Vielzahl der Türkenkriege, aus deren Kriegsbeute letztendlich die Mittel für den Bau zur Verfügung gestellt wurden.

Über eine Stiege erreicht man den Hügel oberhalb von Ehrenhausen am besten: wirklich beeindruckend, wie bei jedem Schritt die mächtigen Steinritter größer und größer werden und die Bedrohlichkeit ihrer Keulen plastischer. Grabräuber haben in Halikarnassos leider ganze Arbeit geleistet und vom Grabmal kein Stäubchen übrig gelassen – hoffentlich verhindern in Ehrenhausen die steinernen Wächter ein derartiges Schicksal.

Adresse 8461 Ehrenhausen | **Anfahrt** von der A 9 bei Vogau/Straß abfahren und auf der B 69 weiter nach Ehrenhausen zum über dem Ort thronenden Mausoleum | **Öffnungszeiten** von außen jederzeit zu besichtigen, für eine Führung im Inneren bei der Schlossverwaltung anmelden | **Tipp** Im »Loisium« am Schlossberg 1a in Ehrenhausen erwartet Sie ein Gesamtkunstwerk von Essen, Wohnen und Wohlfühlen – also alles eins a.

20 Der Dichterarzt

Der Doktor und das liebe Volk

Krankenhäuser sind Hightech-Gebäude, die darin ordinierenden Ärzte bestens ausgebildet und aseptische Operationsräume selbstverständlich. Vor nicht allzu langer Zeit versorgten Bader und später Wundärzte die ländliche Bevölkerung: Hauptaufgaben waren, marode Zähne zu entfernen, offene Wunden zu schließen, Gliedmaßen einzurenken und Kinder auf die Welt zu bringen – ohne viel Federlesens und oftmals mit ruppigen Methoden. Die Bürger von Eibiswald hatten großes Glück, denn schon Ende des 19. Jahrhunderts bekamen sie mit Hans Kloepfer einen Mediziner, der in die Fußstapfen seines Vaters trat und mit sanftem Gemüt und ruhiger Hand ans Werk ging. Er behandelte alle Menschen gleich und bevorzugte niemanden, ob Bürger, Bauer oder Dienstbote … der hippokratische Eid war ein höheres Gut als der Gulden im Geldbeutel. Ein besonderes Talent ließ Kloepfer allabendlich an seinem Schreibtisch sitzen, das Erlebte und Gesehene schrieb er in der Sprache der Einheimischen nieder und verfasste Mundartdichtung über alle Stände und Schichten.

Diesen beiden Seiten seines Schaffens wird im Heimatmuseum von Eibiswald viel Platz eingeräumt. Der Besucher kann sich mittels Fotos, Dokumenten und handschriftlichen Aufzeichnungen ein Bild vom Dichterarzt machen, seine Wirkungsstätte wird umrahmt von einer Volkskundesammlung, in der die Welt der Bergleute, Bauern, Glasmacher und Bürger inklusive »Rauchkuchl« und »Auszugsstüberl« illustriert wird. Nicht nur die Geschichten, sondern auch Heilmethoden und Rosskuren der Bauern und Kräuterweibeln stießen bei Kloepfer auf reges Interesse, weswegen man ihn als frühen »Alternativmediziner« bezeichnen kann. Die Bader waren vorrangig damit beschäftigt, mit Wunden kurzen Prozess zu machen, der feinsinnige Arzt versuchte, seine Patienten »ganzheitlich« zu behandeln: Wer die Sprache seiner Schützlinge versteht, kann deren Gesundheit besser einschätzen.

Adresse Kloepfermuseum, Eibiswald 36, 8552 Eibiswald, Tel. +43/(0)3466/422180 | Anfahrt B 76 nach Eibiswald bis zum Museum in der Ortsmitte | Öffnungszeiten April – Ende Okt. jeden Sa 10 – 12 Uhr | Tipp Am Kirchplatz 39 finden Sie den Gasthof Hasewend, in dem Sie nach dem Essen ins Kino gehen können – das Lichtspielhaus im Saal existiert seit 100 Jahren.

21 Das Alte Rathaus

Auf purem Eisen gebaut

Vor dem Stadtturm hat man den besten Blick hinauf zur Spitze und in der Verlängerung zum Bergkamm – Stadt und Eisengestein sind unverbrüchliche Geschwister und ewig verbunden: Turm und Rathaus haben große Zeiten und tiefe Krisen überdauert und bilden seit 1580 das Zentrum des »weytberümpten Markt Eisenärzt«. In die Senke hinter dem Erzberg geduckt, wirkt die Stadt aus der Zeit gefallen und verschlafen, der Strukturwandel in der Stahlbranche hat diese Region gebeutelt und vieles in Frage gestellt. Doch schon an der Außenfassade kann der Besucher ermessen, dass der hiesige Menschenschlag nicht unterzukriegen ist. Dreimal brannte das Rathaus zwischen 1615 und 1745, und ebenso oft wurde es neu errichtet als Zeichen wahrlich »eisernen« Stehvermögens. Drinnen künden prächtige Exponate von einer Zeit, in der dem Stein gewaltige Reichtümer abgerungen wurden. Kunstvolle Portale verbinden Gewölbe, in deren Nischen schneeweiße Eisenblüten, handgeformte Monstranzen und andere Reliquien neben Gerätschaften der Bergmannszunft ausgestellt sind. Einen Querschnitt der damaligen Gesellschaft zeigt das Herzstück des Museums: Das »Bergwerksmodell« von Johann Tendler, um 1900 geschaffen, stellt, eingerahmt von heimischen Mineralien und beschützt von der heiligen Barbara, Berufsgruppen wie Sackzieher, Blähausleute und Hutmänner dar … die jeweilige Job Description gibt's bei den Kunstvermittlern!

Nicht nur die kunstvollen Zeugen der Zeit sind sehenswert, auch die Räume selbst verströmen den Hauch des verwehten Glanzes. Ein exquisiter Ratsherrensaal war Rahmen für Versammlungen der »Eisenbarone«, hier wurden Geschäfte gemacht und Feste gefeiert. Wenn sich ein Spitzbube unters Volk mischte und einen Beutel schnitt, landete er jedoch ebenso hinter den dicken Mauern des Rathauses. Im Keller warteten die »Carzerzellen« auf Übeltäter … Honoratioren wie finstere Gesellen unter einem Dach.

Adresse Bergmannplatz 1, 8790 Eisenerz, Tel. +43/(0)3848/3615, stadtmuseum@eisenerz.at, www.eisenerz.at | **Anfahrt** A 9, Ausfahrt Traboch, B 115 bis Eisenerz Ortszentrum | **Öffnungszeiten** Mai–Okt. Di–So 10–16 Uhr | **Tipp** Nur ein paar Schritte entfernt steht das Barbarahaus – die prächtige Stuckfassade zeugt von ehemaliger Größe.

22 Der Zeitlupen-Erfinder

Das schnellste Denkmal der Welt

Der Action-Kracher rast seinem Höhepunkt entgegen, in atemberaubendem Tempo wirft sich ein Held auf die bösen Buben … plötzlich das genaue Gegenteil, alles wird langsam, verzögert und steigert dadurch die Spannung ins Unerträgliche. Diesen Trick nennt man Zeitlupe, und erfunden hat sie kein Hollywood-Techniker, sondern August Musger aus dem obersteirischen Eisenerz. 1868 hier geboren und eigentlich Theologe, studierte er später Mathematik und Physik. Die neue Kunst der Kinematografie faszinierte ihn derart, dass er zu tüfteln begann und 1907 einen »Serienapparat mit Spiegelrad« entwickelte. Damit war die Zeitlupe geboren. Musger meldete zwar ein Patent an, doch der Durchbruch dieser revolutionären Technik gelang erst in den Filmstudios Kaliforniens.

Um diesen großen Sohn der Stadt zu würdigen, wurde ein Wettbewerb gestartet, den Architekt und Künstler Clemens Luser mit seinem Projekt der »rotierenden Art« gewann. Die Büste des Erfinders ruht auf einem Sockel und wird durch einen Glassturz geschützt – die Skulptur selbst rotiert drei- bis viermal pro Sekunde um ihre eigene Achse, der Betrachter nimmt sie also nur verschwommen wahr. Zeitlupe braucht ja zuallererst Beschleunigung, um ihre Wirkung zu entfalten, und verlangsamt Vorgänge, die sich durch Schnelligkeit der Wahrnehmung entziehen. Nun kommt die moderne Technik zum Zug: Man zückt sein Handy, nimmt eine Sequenz des beschleunigten Kopfes auf, spielt sie anschließend mit Slow-Motion-Funktion ab, und schon ist ein klares Bild von Musger zu erkennen. »In Eisenerz haben sich durch den Strukturwandel viele Dinge verlangsamt, doch in einer Zeit der kollektiven Raserei kann das zu einer neuen Qualität führen. Mein Projekt soll auf beide Komponenten hinweisen – das Genie August Musger als Person und der stete Wandel dieser ehemaligen Industriestadt«, erklärt Luser seine Art des Denkmalbaus.

Adresse Lindmoserstraße 1, Ecke Zwerggasse, 8790 Eisenerz | **Anfahrt** A 9, Ausfahrt Traboch, B 115 bis Eisenerz Ortszentrum | **Öffnungszeiten** work in progress – im Schaufenster und später im öffentlichen Raum zu bestaunen | **Tipp** Das sogenannte »Rostfest« repräsentiert Eisenerz als Stadt mit Zukunft – nähere Infos unter www.rostfest.at.

23 Der Teufelstein

Der gefallene Engel

Heimatdichter Peter Rosegger war Naturliebhaber und zeigte reges Interesse an mystischen Stätten rund um seinen Geburtsort Krieglach. Kein Wunder, dass ihn Wanderungen in die Fischbacher Alpen und dort auf den Teufelstein führten. Diese bizarr anmutende Felsformation besteht aus drei übereinanderliegenden Steinbrocken, die dank ihrer Härte allen Stürmen trotzten und nun ein solitäres Wahrzeichen bilden. Dieser geologische Befund ist eine Sache, doch die Legende vom Teufelstein war der wahre Grund für die häufigen Besuche Roseggers.

Der Sage nach trieb Erzengel Luzifer schon Tausende von Jahren sein Unwesen in der Hölle und bat den Herrgott händeringend um eine zweite Chance im Himmel. Die wurde ihm unter der Auflage gewährt, in der Christnacht einen Turm von der Erde bis zum Firmament zu bauen – und zwar in der Frist zwischen Aufhebung der Hostie und Aufhebung des Kelches. Luzifer rieb sich die Hände, im Glauben, dieses Kunststück mühelos zu vollbringen. Er baute einen gewaltigen Korb, legte beim ersten Glockenschlag furios los und brachte drei Felsbrocken blitzartig auf den Gipfel. Im Übereifer geschah bei der zweiten Fuhre ein Malheur – der gefallene Engel wuchtete die nächsten Steine mit derartiger Verve in den Korb, dass dieser in tausend Stücke zerbarst. Nichts war's mit dem Aufstieg in die obere Etage, es hieß: retour ins heiße Erdinnere – und übrig geblieben ist der Teufelstein.

Passend zu dieser Geschichte findet alljährlich zur Wintersonnenwende ein besonderes Ereignis statt: Wer prachtvolle Sonnenaufgänge liebt, ist hier genau richtig. Morgens treffen sich Wanderer beim Zeller Kreuz, steigen zum Felsen auf, und dieser Morgensport wird durch ein Naturschauspiel der Extraklasse belohnt. Die Sonne erscheint als Feuerball und wirft ein überirdisches Licht – man kann sich gut vorstellen, wie dieser Blick die Dichterseele Peter Roseggers erwärmte.

Adresse 8654 Fischbach | **Anfahrt** S 6 oder B 72 nach Fischbach, zu Fuß zum Teufelstein, dem höchsten Punkt der Gemeinde | **Öffnungszeiten** jederzeit zu besuchen | **Tipp** Die Ägydius-Kapelle in Fischbach offenbart hervorragend erhaltene Fresken.

24 Der Alleeschnaps

Trost nach dem Fehlschlag

Die Anlage des Golfplatzes am Murhof bei Frohnleiten ist eine der schönsten Europas: Sie besticht durch ausgeklügelte Platz-Architektur mit zahlreichen Bunkern und Teichen, eingebettet in eine herrliche Parklandschaft mit jahreszeitlichem Wechsel und altem Baumbestand.

Eine wunderbare Augenweide ist die lange Apfelbaumallee vor dem ersten Abschlag, die im Frühling duftend blüht und deren Äste im Herbst reife Ernte bringen. Genau dieser Anblick brachte den ehemaligen Head-Greenkeeper Peter Zinterl auf eine hervorragende und nachhaltige Idee: Warum nicht Schnaps herrschaftlicher Natur brennen aus diesen Früchten? Gesagt, getan. Seitdem werden in einem Nebengebäude des Golfhotels mittels einer handbefeuerten Destillieranlage Edelbrände erzeugt, die den Kenner mit der Zunge schnalzen lassen.

Aus jährlich fast einer Tonne Maische entsteht der »Apfel aus der Allee«, gut zwei Jahre Lagerung lassen ihn reifen, bevor er im hauseigenen Restaurant kredenzt wird. Zinterl hat sein Angebot peu à peu um Sorten wie »Champagner Renette«, »Williams Birne« und »Isabella Traube« erweitert, und auch Birnen, Zwetschken, Marillen und Vogelbeeren entfalten ihr intensives Aroma am Murhof. Doch keine Angst – um in den Genuss dieser edlen Tropfen zu kommen, muss man weder Mitglied sein noch das Greenfee entrichten: Im hauseigenen Laden können auch Menschen Schnäpse ordern, die mit den kleinen weißen Bällen rein gar nichts anzufangen wissen.

In der Golfersprache ist das 19. Loch am angenehmsten zu spielen: Damit ist der Ausklang einer Runde im Club-Restaurant gemeint, wo die Anstrengungen vom Driven und Putten mittels Speis und Trank ausgeglichen werden. Es wird gemunkelt, dass an der Murhof-Bar so manche Wette zur Einlösung kommt – dank Vogelbeere und Allee-Apfel kann der Verlierer schneller vergessen, wo er seinen verhängnisvollen Doppelbogey gesetzt hat.

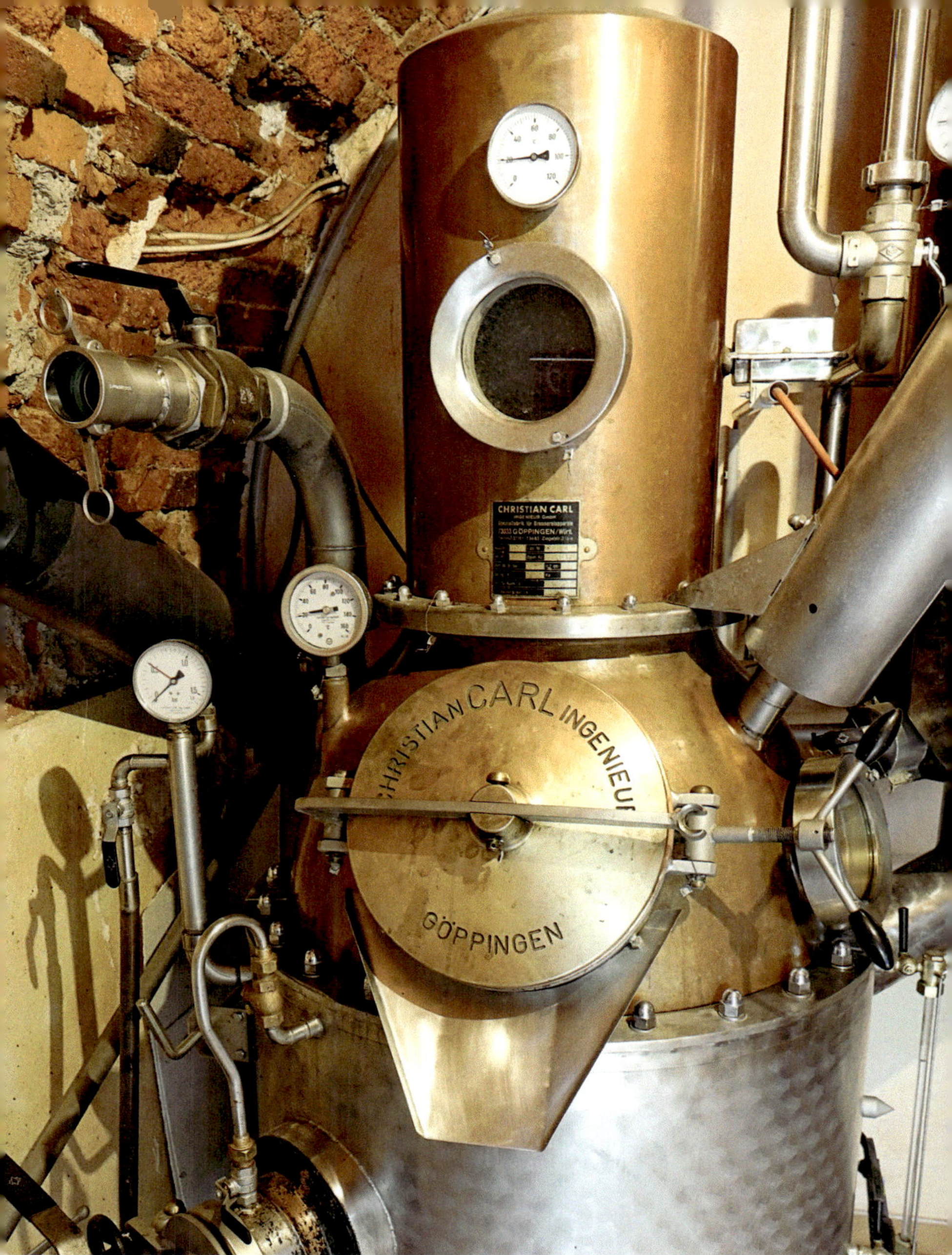

Adresse Adriach-Rabenstein 53, 8130 Frohnleiten, Tel. +43/(0)3126/3000, office@golfhotel-murhof.at, www.golfhotel-murhof.at | Anfahrt A 9 oder S 35, Ausfahrt Badl / Peggau, Golfhotel Murhof ausgeschildert | Öffnungszeiten Hotel und Shop März – Nov. täglich geöffnet, während der golflosen Zeit bitte vorher anrufen | Tipp Wenn Sie kalte Füße haben, stellen Sie sich auf den Hauptplatz von Frohnleiten – der hat nämlich eine Fußbodenheizung!

25 Die Pfeilburg

Der blaue Dunst verweht

Was jungen Menschen heute unvorstellbar erscheint, war bis vor wenigen Jahrzehnten gang und gäbe – rauchende Menschen überall, ob in Restaurants, Flugzeugen oder Ämtern. Damals war Rauchen eine natürliche Handlung und nicht Teufelswerk, Diskussionen in Kaffeehäusern oder am Wirtshaustisch ohne Rauchschwaden ein Ding der Unmöglichkeit. Permanente Einnebelung wirkt heute museal, und genau dieser Tatsache ist in der ehemaligen Tabak-Hochburg Fürstenfeld eine Ausstellung im Obergeschoss der prächtigen Pfeilburg gewidmet. Das Gebäude schmiegt sich um den aus dem 13. Jahrhundert stammenden Schwarzturm, verfügt über perfekt renovierte Innenarkaden, war eine der ältesten Tabakfabriken Europas und ist jetzt quasi das Museumszentrum Fürstenfelds. Wo Tausende Arbeiter per Hand Zigarren rollten, wurden später maschinell Millionen Zigaretten hergestellt, verpackt und in alle Welt vertrieben. Die Fabrik war größter Arbeitgeber der Region, Löhne und Sozialstandards waren hoch und die Gefahren des Rauchens völlig unbekannt. Neben einer »La-Neva«-Zigarettenmaschine, die sagenhafte 6.000 Stück pro Stunde ausstieß und zu den technischen Wunderwerken des 19. Jahrhunderts gehörte, kann man hier auch die kulturelle Wertigkeit des Rauchens ermessen. Kunstvoll geschnitzte Meerschaumpfeifen, Zigarettenetuis, Trafikutensilien und andere Exponate zeugen von einer Zeit, in der die Auswahl an Gelüsten schmäler war und ein tiefer Lungenzug noch Entspannung und Genuss bereitete.

Der wechselvollen Geschichte Fürstenfelds ist ein anderer Bereich der Pfeilburg gewidmet: Im »Kruzitürken«-Museum wird an die langen Kämpfe mit Kuruzzen und Türken erinnert, deren Janitscharen mehrmals gegen die Stadtmauern brandeten. Es gab wie in allen Kriegen Sieger und Verlierer, aber eines verband Osmanen und Österreicher abseits der Frontlinie … die Freude am blauen Dunst.

Adresse Klostergasse 18, 8280 Fürstenfeld, Tel. +43/(0)3382/55470, www.museum-pfeilburg.at | **Anfahrt** von der A 2 bei Gleisdorf abfahren und die B 65 entlang weiter nach Fürstenfeld bis zur Pfeilburg direkt im Zentrum | **Öffnungszeiten** Anfang April – Ende Okt. Di – So 15 – 18 Uhr, ansonsten Sa 14 – 17 Uhr | **Tipp** Das Grazertor in Fürstenfeld ist Teil der ehemaligen Befestigungsanlage und von mächtiger Dimension.

26 Das Stoani Haus

Die echten »Steirermen«

»Hoch vom Dachstein an, wo der Aar noch haust …«, so beginnt die steirische Hymne, in der Schönheit und Vielfalt dieses Landes gepriesen werden. So viel zum offiziellen Teil, denn in vielen grünen Herzen ist ein anderes Lied zum Inbegriff der Grünen Mark geworden: »Steirermen san very good« heißt der von Hanneliese Kreissl-Wurth komponierte den Hit, den drei Brüder aus Gasen in die Welt hinaustrugen. Der Dauerbrenner verkaufte sich millionenfach und machte Fritz, Hans und Reinholf Willingshofer zu Ikonen der Steiermark. Jahrzehntelang musizierten die Stoakogler mit »Ehrenbruder« Franz Böhm auf allen Kontinenten, und bei jedem Konzert war der Steirermen-Song absolutes Highlight. Im Sommer 2011 ging es nach sagenhaften 43 Jahren in die Musikerpension, doch kein Fan muss deswegen an Entzugserscheinungen leiden.

Im Stoani Haus in Gasen wird auf drei Etagen den Brüdern, ihren legendären Erfolgen und ihrer Hingabe zur Volksmusik gehuldigt. Hier gibt es eine Multimediashow vom Feinsten, Erinnerungsstücke eines langen gemeinsamen Weges und Goldene Schallplatten, so weit das Auge reicht. Doch das ist bei Weitem nicht alles, in diesem Haus der Musik gibt es ganz besondere Angebote: Ein Tonstudio steht für private Aufnahmen bereit, man kann »Gstanzln« singen und in Kursen die »Steirische Harmonika« erlernen. Keine Angst, das Instrument schaut zwar kompliziert aus, doch die vielen Knöpfe haben alle ihren Sinn, und Anfänger lernen ihre Lieblingsstücke leichter, als sie glauben.

Apropos: Steirermen ist natürlich gendermäßig unkorrekt, doch wer die Willingshofer-Brüder kennt, weiß, dass ohne ihre starken Ehefrauen diese Weltkarriere unmöglich gewesen wäre. Während ihre Tourneen die Stoakogler bis nach Hollywood führten, schauten die Frauen zu Hause »in der Gasen« darauf, dass alles blüht und gedeiht – echte »Steirerwomen« halt.

Adresse Stoani Haus, 8616 Gasen 35, Tel. +43/(0)3171/5000, info@stoanineum.at, www.stoanineum.at | **Anfahrt** über die A 9 auf die S 35, Ausfahrt Mixnitz, in die Gasen weiterfahren | **Öffnungszeiten** 1. Mai – 31. Okt. 10 – 16 Uhr, Mo Ruhetag, für Harmonika-Kurse telefonisch anmelden | **Tipp** Die Schreinhofer Mühle in Mitterbach 5 wird vom größten Mühlrad Österreichs angetrieben – außerdem gibt's dort eine hervorragende Jause.

27 Der Solarbaum

Der Zeit um Lichtjahre voraus

Bäume bestehen aus einem festen Stamm, dicken Ästen und feinen Zweigen, die je nach Jahreszeit Blüten, Blätter und Früchte tragen … Natur pur halt. Riesige Metallkonstruktionen fallen eher in die Kategorie »Wunder der Technik« und werden von Öko-Fans mit Naserümpfen betrachtet. Trotzdem gibt es einen Synergieeffekt zwischen diesen beiden Polen, ein hervorragendes Beispiel dafür befindet sich mitten im oststeirischen Gleisdorf – der Solarbaum.

Fast 18 Meter misst die richtungsweisende Skulptur, ihre Blätter bestehen aus Solarpaneelen und versorgen viele Haushalte mit Energie, die vom Himmel kommt und Mutter Erde nicht aus dem Herzen gerissen werden muss. Die Stadt Gleisdorf hat sich schon früh um erneuerbare Energie bemüht, die Verantwortlichen haben nicht nur von der Energiewende gesprochen, sondern sie in die Tat umgesetzt und den metallenen Baum gepflanzt. Er trägt starke Wurzeln, die sich ins gesamte Stadtgebiet ausbreiten: In der City selbst befindet sich eine Vielzahl kleiner Sonnenfänger, aus denen Geschäfte und Lokale ihre Energie beziehen.

Mit Bedacht wurden städtische Einrichtungen und Kunst im öffentlichen Raum auf das Zukunftsmotto ausgerichtet, Freibad und Fußballstadion sind bereits auf Solarstrom umgepolt. Der Besucher findet in Gleisdorf Brunnen, Wegweiser, Terminals und die Wohnsiedlung »Sundays« in einer Corporate Identity, die aus dem Schatten der fossilen Brennstoffe herausführen soll ins Licht der erneuerbaren Energie. Oft wird den Sonnenanbetern vorgeworfen, dass ihr Konzept an mangelnden Nachfüllstationen scheitert, denn diese Netzwerke lassen noch ein wenig zu wünschen übrig. Anders natürlich in Gleisdorf, wo es am Bahnhof, neben dem Rathaus und am Hauptplatz Sonnenenergie aus der Baumpipeline gibt – wer der Umwelt eine Freude machen und auf Mobilität trotzdem nicht verzichten will, ist im Schatten des Solarbaums bestens aufgehoben.

Adresse 8200 Gleisdorf | **Anfahrt** A 2 Abfahrt Gleisdorf, ins Zentrum fahren, Solarbaum gegenüber der Stadtpfarrkirche | **Öffnungszeiten** jederzeit zu besichtigen | **Tipp** Der Aussichtsturm auf dem Kleeberg ist künstlerisch und architektonisch vom Feinsten!

28 Die Handschriften

Die Wurzeln der Mark

Bernhard von Clairvaux lebte im 12. Jahrhundert, war ein wahrlich gottesfürchtiger Mann und bedeutendster Vertreter der aus dem Burgund stammenden Zisterzienser. Unter seiner Ägide wurden über 300 Klöster in Europa gegründet – das älteste noch bestehende ist Stift Rein, wo seit 1129 Mönche ohne Unterbrechung beten und arbeiten.

Lag ihre Tätigkeit früher im Missionieren und Bekehren, hat sich das Profil gewandelt, die Fratres führen ein offenes Haus und sind 365 Tage im Jahr für interessierte Besucher da. Aus der ehemaligen Kirche in einem ruhigen Waldtal ist ein Ort der Begegnung geworden, der Geschichte atmet und eine kulturelle Chronologie des Landes bietet. Baustile von der Romanik über die Gotik bis zum Barock sind gänzlich erhalten, in der vollständig renovierten Basilika finden sich farbenprächtige Deckenfresken von Josef Adam Mölk und ein enormes Altarbild des großen Kremser Schmidt.

Die Stiftsbibliothek ist ein millionenseitiger Almanach der Steiermark, neben kostbaren Büchern vom Anbeginn des Buchdrucks ruhen hier Urkunden und Handschriften, die im Sinn des Wortes einzigartig sind. In Grundbüchern aus dem 14. Jahrhundert haben Mönche über Kornernten und Weinlesen exakt Buch geführt, eine andere Abteilung ist bestückt mit einer Sammlung handgeschriebener Predigten. »Austria Ducum« heißt eine penible Illustration des Hauses Habsburg, beim »Reiner Musterbuch« geht es um alle Stände des 13. Jahrhunderts, die in kunstvollen Zeichnungen dargestellt werden.

Gestiftet wurde Rein vom Markgrafen Leopold I. aus dem Geschlecht der Traungauer, dessen Familie aus dem oberösterreichischen Steyr stammte und Namenspatron für die heutige Steiermark ist. 2006 wurde sein Grab im Boden der Marienkapelle entdeckt und kann heute durch eine Glasplatte besichtigt werden … jeder Steirer sollte einmal in seinem Leben hier stehen, dann weiß er genau, wo seine Wurzeln sind.

Adresse Rein 1, 8103 Gratwein-Straßengel, Tel. +43/(0)3124/51621, info@stift-rein.at, www.stift-rein.at | **Anfahrt** von Graz auf der B 67 nach Gratwein-Straßengel bis zum weithin sichtbaren Stift fahren | **Öffnungszeiten** Täglich um 10.30 und 13.30 Uhr führen Mönche durch das Kloster. | **Tipp** Am Weg nach Stübing können Sie eine Skulptur von Othmar Krenn bewundern – ein Stahlkäfig auf Schienen … interessant!

29__Die Lavendelmanufaktur

Im Rausch der Düfte

Der wohl größte archäologische Fund aller Zeiten war die Entdeckung der Tutanchamun-Grabstätte im ägyptischen Tal der Könige. Sarkophag und zahlreiche Beigaben aus Gold hatten Jahrtausende überdauert, doch eine Besonderheit stieg den Entdeckern sofort in die Nase – ein Hauch von Lavendel lag in der Luft. Der Wohlgeruch dieser Pflanze überdauert viele Generationen und ist zum ständigen aromatischen Begleiter der Menschen geworden.

In Europa verortet man ausgedehnte Lavendelfelder eigentlich in der französischen Provence, doch im höchstgelegenen Weinbaugebiet Österreichs breitet sich diese lila Pracht ebenso über die Hügel aus. In Kitzeck widmet sich der Familienbetrieb Wunsum ganz der Kultivierung und Verarbeitung dieser aromatischen Blüten. Im Sommer können Besucher rund um den Biobauernhof im Duft des blühenden Lavendels schwelgen, nach der Ernte werden die Pflanzen sorgfältig getrocknet, händisch gerebelt und durch feine Siebe geschüttelt. Dadurch entsteht ein intensiver Grundstoff, der mannigfaltig verwendbar ist. Nicht nur ätherisches Lavendelöl und Eau de Lavande verlassen den Hof, die Wunsums produzieren auch Tee, Likör, Marmelade und sogar Essig aus den Lavendelblüten – erstaunlich, wie vielfältig die Einzigartigkeit des Aromas eingesetzt werden kann, wenn es in kundige Hände gerät.

Im Roman »Das Parfum« von Patrick Süskind treibt der Duftfetischist Jean-Baptiste Grenouille sein Unwesen inmitten der Lavendelfelder von Grasse, wo ihn der Sinnesrausch packt und zu wahren Untaten hinreißt. In Kitzeck hätte Süskind diese Romanfigur wahrlich nicht erfinden können, denn hier kann man eine allfällige Duftüberdosis leicht kanalisieren: Rund um den Wunsum-Hof werden ortstypische Gewächse angebaut und daraus knackiger Welschriesling und Weißburgunder gekeltert – ein Viertel oder zwei davon, und Jean-Baptiste wäre garantiert auf freundlichere Gedanken gekommen.

Adresse Greith 17 und 47, 8442 Kitzeck, Tel. +43/(0)6648/128836, office@wunsum.com, www.wunsum.com | **Anfahrt** A 9, Ausfahrt Leibnitz, auf der B 74 weiter nach Kitzeck im Sausal und nach Greith fahren | **Öffnungszeiten** 1. April – 31. Okt. Di, Mi 9 – 12 Uhr, Sa 9 – 18 Uhr | **Tipp** Im 1. Steirischen Weinmuseum am Steinriegel 15 in Kitzeck lernt man alles Wissenswerte über den Rebensaft dieser Region.

30 Das Schloss Großsölk

Schätze aus Gottes Apotheke

Die Steiermark ist reich an edlen Landsitzen und Monumenten höfischer Lebenskunst. Und dann gibt es Kleinode, die sich wie aus der Zeit gefallen und an unerwarteten Orten dem Auge präsentieren. Ein Paradebeispiel ist Schloss Großsölk, das die Jesuiten im 17. Jahrhundert als Stützpunkt zur Rekatholisierung der protestantisch gewordenen Bevölkerung bezogen. In ruhigeren Zeiten legten botanisch Versierte unter den Ordensleuten am Fuß des Schlosshügels einen Heilpflanzengarten an. Ihr Wissen um die traditionelle Volksheilkunde überdauerte, und seit Kurzem werden die Schätze des Jesuitengartens im Innenhof von Schloss Großsölk, heute Sitz des Naturparkhauses Sölktäler, kultiviert.

Das hölzerne Tor aufgedrückt, schon öffnet sich der Blick in ein florales Mini-Paradies. An die dicken Wehrmauern schmiegen sich Beete mit Dutzenden von Heilpflanzen. Infotafeln stellen die Kräuter aus »Gottes Apotheke« vor. Man erfährt etwa, dass der Stinkende Storchenschnabel Fieberblasen vertreibt, man lernt Mittel gegen Schlafstörungen sowie Stress kennen. Empfehlungen für Magen, Leber und Galle sowie eine schöne Haut werden gegeben. Beinahe scheint es, als würde allein die Präsenz der Kräuterlein, die einträchtig Seite an Seite wuchern, aus Trögen und aus Vasen lugen, eine beruhigende Wirkung ausüben. Auch Gewürzkräuter sowie in Vergessenheit geratene Gemüsesorten werden gezogen.

Vom Kräutertopfenrühren über die Herstellung von Kräutercreme bis zu Gartenführungen bietet das Naturparkhaus vertiefende Schwerpunkte an. Der wuchtige Bau beherbergt aber noch mehr: Die »Natura-Mirabilis«-Schau rückt Flora und Fauna der Region in die Auslage, ein Schlosslabor bietet Anschauungsunterricht. Ein Café mit lauschigen Gartenplätzen passt auch in das Ensemble. Gereicht wird Kräutertee aus dem Jesuitengarten, und zum Brot mit Ennstaler Steirerkäs passt ein Glas Goldmelissensaft hervorragend.

Adresse Großsölk 55, 8961 Sölk, Tel. +43/(0)676/9004741, www.soelktaeler.at | Anfahrt B 320 nach Gröbming, weiter über L 704 nach Stein an der Enns, über die Erzherzog-Johann-Straße nach Großsölk, Parkplatz am Schlosshügel | Öffnungszeiten circa Mitte Mai–Ende Sept. täglich außer Mo und Di 10–17 Uhr | Tipp Erwandern Sie die Strubschlucht am Fuße des Schlosshügels mit ihren sehenswerten Marmoradern.

31 Das Gebeinhaus

Die sieben Todsünden?

Als die Welt noch mystischer war und die Menschen mehr Angst vor bösen Geistern als vor der nächsten Steuererklärung hatten, bedeutete ein Leben nach dem Tod die Trennung von Körper und Seele. Ob der Geist nun in den Himmel oder in die Hölle kam, wurde an höherem Ort entschieden, doch die menschlichen Überreste mussten zwingend in geweihtem Boden begraben werden und auch dort bleiben, denn Feuerbestattungen waren für Hexen und Ketzer reserviert. Nun führte das unweigerlich zu Problemen, denn Friedhöfe boten nicht unendlich Platz – die Lösung fanden kundige Köpfe im Errichten von Gebeinhäusern, in denen Knochen von längst Verblichenen eingeschlichtet wurden.

Damit war allen Anforderungen Genüge getan, und die Welt hat diesen Usancen ein faszinierendes Bauwerk zu verdanken – den romanischen Karner im Pfarrhof von Hartberg. Laut Portalinschrift wurde er im Jahre 1167 errichtet, der Doppelrundbau aus Muschelkalk beheimatet das Beinhaus im Untergeschoss und eine Kapelle im ersten Stock. Dieser Raum wurde Ende des 19. Jahrhunderts unter der Leitung von Theophil Melicher von Grund auf renoviert, dabei wurden Fresken aus der Zeit um 1200 entdeckt. Anstatt die Malerei unberührt der Nachwelt zu hinterlassen, griff der Restaurator selbst zum Pinsel und fügte den Darstellungen Neuschöpfungen hinzu. Was Original oder Kopie ist, sollte jeder Betrachter selbst beurteilen, der christliche Hintergrund ist unbestritten. Ob nun die sieben Todsünden oder die vier Königreiche Daniels dargestellt sind, darüber streiten sich Experten, die Übermalung der ursprünglichen Fresken war jedenfalls keine so gute Idee. Doch allein die bauliche Perfektion des Gebeinhauses und die Kreativität des ursprünglichen Freskenmalers sind sehenswert – im tiefsten Mittelalter mit solcher Intensität zu malen, dazu gehörte neben handwerklichem Können auch ein unerschütterlicher Glaube.

Adresse Preßlgasse 12, 8230 Hartberg, Tel. +43/(0)316/8031 | Anfahrt von der A2 bei Hartberg abfahren und direkt ins Ortszentrum zur Pfarrkirche weiterfahren, Karner im Pfarrhof | Öffnungszeiten Der Karner ist zu den Kirchenöffnungszeiten zu besichtigen. | Tipp Hartberg darf sich eine »Cittàslow« nennen – das Café »Die Sonne« mit weinlaubumranktem Gastgarten mitten am Hauptplatz ist ein perfektes Beispiel für diese Auszeichnung.

32 Der Kultur-Pfad

Bahnhof der Sinne

Bahnhöfe auf dem Land haben einen besonderen Charme von Beschaulichkeit und dösiger Ruhe – ein bisschen fühlt man sich in die Zeit Joseph Roths versetzt, wo ein Leutnant Trotta in der österreichischen Monarchie-Provinz aussteigt und am leeren Bahnsteig auf seine Kutsche wartet.

Würde er heute in Hatzendorf und nicht wie damals in Galizien aufs Perron treten, wäre es vorbei mit optischem Einerlei, denn hier warten Kunstwerke statt Grasbüschel und Zeichen der Weltoffenheit anstelle von Wartehäuschen. »Weltengarten« ist der Name dieses Skulpturenparks, der zugleich den Ausgangspunkt für einen Kunst-Panorama-Weg markiert, der über das »Gasthaus Malerwinkel« auf den Bergkamm hinauf, weiter nach Unterhatzendorf und retour zum Schienenstrang führt. Folgen Sie den Kunstwerken, dann kommen Sie mit den diversen »Hatzendörfern« nicht durcheinander – die Eigenwilligkeit und Vielfältigkeit der Objekte zieht jeden in ihren Bann. Statuen aus Afrika, Asien und Lateinamerika vermitteln den Hauch der Kontinente, Skulpturen aus Baumwurzeln und Metallplastiken die Erdung der Künstler. Eine optische Scheibe zieht je nach Blickwinkel in die Tiefe oder schleudert nach oben, man quert das »Hühnergeflüster« und wird von der Plastik »Umarmung« in Empfang genommen. Zustande gekommen ist dieses Gesamtkunstwerk auf Betreiben des Wirts Peter Troißinger. Er gründete den Verein »Eat & Art«, um neben dem Leib auch der Seele Nahrung bieten zu können, und setzte die Idee mit befreundeten Künstlern in die Tat um.

Er selbst entspannt am liebsten auf dem »Kultur-Hochsitz«, der nur Form und Aufstieg mit seinen Artgenossen gemein hat, denn das kunstvoll verzierte »Oberstübchen« soll der schönen Aussicht dienen und nicht dem Weidwerk. Raufklettern, hinsetzen und das Gesehene Revue passieren lassen im Angesicht der weiten Landschaft … so öffnet man sein Herz und rettet dem Rehbock das Leben.

Adresse Ausgangspunkt beim Bahnhof von Hatzendorf | Anfahrt von der A 2 und B 66 in Gleisdorf abfahren und weiter nach Hatzendorf zum Bahnhof | Öffnungszeiten jederzeit zu besichtigen | Tipp Das Gasthaus Vorauer in Hatzendorf 8 hat urigen Charakter – besonders der handgesetzte Kachelofen lädt zum Dazusetzen ein.

33__Das Huabn-Theater

Ein luftiges Schauspiel

Die Brandlucken liegt auf 1.000 Höhenmetern und genießt den Ruf, im Sommer ein wahres Wanderparadies zu sein – ob auf den Königskogel oder nach Sankt Kathrein, überall bieten sich schöne Wege und prachtvolle Natur dar. Man sollte allerdings stets ein warmes Jäckchen bei sich haben, denn es kann frisch werden in dieser Gegend. Umso erstaunlicher mutet die Tatsache an, dass genau hier ein paar mutige Kunstfreunde ein Amphitheater aus dem Boden gestampft haben, das Sommer für Sommer kurzweilige Aufführungen bietet und bei jeder Vorstellung rappelvoll ist. Diese Kulisse ist einzigartig: Die »Brandluckner Huabn« ist ein hierher versetzter Bauernhof aus dem 17. Jahrhundert, an dessen Vorderfront die Stücke in Szene gesetzt werden. Das Auditorium ist ein offenes, luftiges Halbrund mit 500 Sitzplätzen – das Ambiente garantiert sowohl Nähe zwischen Schauspielern und Publikum als auch Stimmung und Atmosphäre. Das Repertoire der umtriebigen Truppe ist breit gefächert: Ob »Die lustige Wallfahrt« nach Peter Rosegger, »Der Talisman« von Johann Nestroy, »Der Alpenkönig und der Menschenfeind« von Ferdinand Raimund oder »Die lustigen Weiber von Windsor« von William Shakespeare – alle Stücke sind volkstümlich, flott arrangiert und mit großer Verve auf die Bretter gebracht. Rund 20-mal pro Jahr betreten die Schauspieler die Bühne vor der Huabn, bei jeder Witterung wohlgemerkt, denn der Begriff Absage existiert im Wortschatz der Mimen nicht … also den Regenfleck nicht vergessen!

Damit Theaterbegeisterte in der Off-Season des Huabn-Theaters nicht kulturellen Hungers sterben, wurde im Keller des Hotels Bauernhofer das »Mittwoch-Theater« gegründet. In diesem kleinen Theatersaal bekommen Kammerstücke wie »Offene Zweierbeziehung« von Dario Fo einen intimen Rahmen – von der Bandbreite des Spielplans auf der Brandlucken könnten sich einige große Häuser eine dicke Scheibe abschneiden.

Adresse Brandlucken 78, 8172 Heilbrunn, Tel. +43/(0)664/5241616, info@huabn-theater.at, www.huabn-theater.at | **Anfahrt** B 72 nach Sankt Kathrein am Offenegg und weiter auf die Brandlucken zum Theater direkt auf der Passhöhe | **Öffnungszeiten** Den aktuellen Spielplan entnehmen Sie bitte der Website, das Freilufttheater ist jederzeit zu besichtigen. | **Tipp** Der Name Heilbrunn kommt nicht von ungefähr – die nahe Wallfahrtskirche wurde zu Ehren der hier entspringenden Quelle gegründet.

34 Die Ölmühle

Zwischen die Mühlsteine geraten

Hier eine einfache Anleitung, wie man in der Steiermark sprachlich nicht auffällt: Man muss das Wort Kernöl mit der richtigen Tonalität hervorbringen. Entscheidend dabei ist nicht die erste Silbe Kern, sondern die zweite Silbe Öl, denn hierbei muss die Zunge nach hinten und der Ton aus dem Brustraum nach vorne gerollt werden. Probieren Sie es aus, aus Umlaut und Vokal wird eine runde Sache, die dem Geschmack und der Einzigartigkeit des »grünen Goldes« Rechnung trägt. Dieses Grundnahrungsmittel bedarf natürlich einer besonderen Machart, »echt« darf es sich nur nennen, wenn die Kerne wirklich aus der Steiermark und nicht aus China oder Russland kommen. Eine eigene Banderole schützt das Original, doch wer auf Nummer sicher gehen will, fährt in die Ölmühle Herbersdorf nach Rassach und holt sich dort das Öl von einem der traditionsreichsten Produzenten.

Die Besitzer Gernot und Ulrike Becwar gehen nach uralter Methode vor: Die Kerne werden gereinigt, zwischen zwei Steinen gemahlen und über Buchenholz geröstet. Es gehört viel Fingerspitzengefühl dazu, den richtigen Moment der idealen Röstung abzuwarten – hier beherrscht man diese Übung perfekt. Der Kernbrei kommt nun schichtweise in die Stempelpresse, die schlussendlich die tiefgrüne Flüssigkeit freigibt. Wer dabei zuschaut und danach das nussige Aroma schmeckt, weiß, dass hier ein durch und durch natürliches Produkt entsteht.

Flugs in Flaschen abgefüllt, gelangt es direkt an den Konsumenten, also an Sie, und macht keine Umwege über Shanghai oder Sankt Petersburg. Wer auf ausgewogene Ernährung Wert legt, dem kann übrigens sofortige Entwarnung gegeben werden. So wunderbar tiefgründig und füllig echtes Kernöl auch schmeckt, es ist voller ungesättigter Fettsäuren, Vitamine und Mineralstoffe und gehört zu den gesündesten Ölen weltweit – Geschmack, Kraft und Vitalität »made in Styria«.

Adresse Herbersdorf 9, 8510 Rassach, Tel. +43/(0)664/4108097, oelmuehle@herbersdorf.at, www.oelmuehle.herbersdorf.at | Anfahrt A 2, Ausfahrt Lieboch, auf der B 72 Richtung Pichling und weiter nach Rassach/Herbersdorf fahren | Öffnungszeiten Ölmühle und Shop: Anfang März–Anfang Dez. Mo–Fr 9–18 Uhr | Tipp In der »Park-and-Pray-Kapelle« direkt an der B 76 bei Rassach können Sie eine kurze Rast für ein Gebet einlegen – einzigartig!

35 Der Bergsteiger-Friedhof

Himmelfahrtskommandos in den Gesäuse-Bergen

»Schlafe ruhig in deinen Bergen«, gaben Kameraden einem im Fels des Gesäuses tödlich Verunglückten mit auf den Weg. Ein paar Schritte weiter kündet ein Grabstein von einem »elementarischen Wettersturz«, der Pfingsten 1936 einem 31-Jährigen zum Verhängnis wurde. In berührender Weise erzählt der Bergsteiger-Friedhof in Johnsbach von der Leidenschaft für die Berge, vom schmalen Grat zwischen Gipfelglück und Abgrund und von den schmerzlichen Erinnerungen der Hinterbliebenen.

Als der Klettersport um 1880 an Popularität gewann, gerieten die Gesäuse-Berge in den Fokus von Alpin-Pionieren aus Wien, Graz und München. In den Kalkwänden der Hochtor- und Buchstein-Gruppe, die bald den Beinamen »Universität des Bergsteigens« bekamen, erprobten sie neue Techniken und wagten bahnbrechende Erstbegehungen. Bald schüttelten die Berge die ersten Alpinisten ab, und einige von ihnen, meist von weit her, begrub man neben den Johnsbacher Toten; so blieb es auch, als sich Kletterschulen nach dem Ersten Weltkrieg ein Fernduell in den höchsten Schwierigkeitsgraden lieferten. 1945 waren bereits über 70 Bergopfer rund um die Ägidius-Kirche beigesetzt, darunter auch Leichtsinnige, die in den Gesäuse-Bergen nichts verloren hatten.

49 Grabsteine sind erhalten geblieben. Studenten, Buchhalter, ein Juwelier, Schlosser, ein akademischer Maler und auch einige Frauen – die Inschriften offenbaren, dass sich die Faszination für das Bergsteigen quer durch die Bevölkerung zog. »Ab 1.000 Meter geht's ma guad«, steht auf einer Gedenktafel jüngeren Datums. Vergilbte Fotografien, aus dem Stein gehauene Pickel, Seile sowie andere Bergsteiger-Attribute zieren die Grabsteine, von denen manche wie Minigipfel gestaltet sind. Der Blumenschmuck zwischen Arnika und Edelweiß sowie der Panoramablick hinauf zum Großen Ödstein verleihen dem unter Denkmalschutz stehenden Friedhof eine einzigartige Atmosphäre.

Adresse an der Pfarrkirche zum heiligen Ägidius, Johnsbach 1, 8912 Johnsbach/Admont, www.johnsbach.at und www.bergsteigerdoerfer.at | **Anfahrt** via B 146 und L 743, Ziel vor dem Ort leicht erhöht, Parkmöglichkeit an der Straße | **Öffnungszeiten** ganzjährig zugänglich | **Tipp** Im Gasthof »Zum Donner« an der Bundesstraße und beim »Kölblwirt« drei Kilometer östlich gibt es die Kraftnahrung zum anschließenden Bergsteigen.

36__Das Puch-Museum

Pucherl und Maxi

Haflinger und Pinzgauer sind besondere Pferderassen mit gewaltigen Hufen und robustem Körperbau – wo diese Rösser ans Werk gehen und anziehen, geht wirklich etwas weiter. Sie waren Namensgeber und Vorbilder für legendäre Geländefahrzeuge, die über Berge klettern, durch unwegsames Gelände rollen und sogar als Geldtransporter genutzt werden konnten. Diese Klassiker der Nutzfahrzeug-Branche wurden von den Puch-Werken in Graz hergestellt und bedeuten Steiermark pur. Das Stammwerk ist mittlerweile geschlossen, doch im gleichnamigen Museum in Judenburg wird diesen kraftstrotzenden Gefährten und zahlreichen anderen Produkten der Marke gehuldigt.

Fans und Leihgeber haben in liebevoller Kleinarbeit zusammengetragen, was seit Beginn des 20. Jahrhunderts mit Know-how, Innovationsgeist und handwerklicher Qualität auf die Räder gestellt wurde. In einer Halle präsentiert der Club neben Fahrrädern aus der Vorkriegszeit sogenannte »Waffenräder« und Motorräder in legendärem Design. Ob Maschinen mit versetzten Sitzen – ideal zum Anschmiegen – oder das liebevoll »Maxi« genannte Moped, hier werden bei vielen Besuchern Erinnerungen wach an den Duft von Benzin, der als Geruch der Freiheit wahrgenommen wurde. Für Erwachsene mit schmalem Budget war der Puch 500, eben das »Pucherl«, ideal, wenig Platz und bescheidene Motorleistung wurden gern in Kauf genommen, wenn man im Gegenzug das »Fetzendachl« öffnen und die Reise in den sehnsüchtig erwarteten Süden beginnen konnte. Wer das Besondere liebt, sollte Mitte August in Judenburg aufkreuzen: Dann findet eine Parade durch die Stadt und hinein ins Zirbenland statt, die Enthusiasten und Laien zum Staunen bringt. »Pucherl« aus der ganzen Welt in allen Farben und Nuancen bilden einen Treck der Nostalgie und lassen Zeiten auferstehen, in denen Fahren in erster Linie Abenteuerlust bedeutete und nicht unbedingt Sozialprestige.

Adresse Murtaler Platz 1, 8750 Judenburg, Tel. +43/(0)3572/47127, office@puchmuseum.at, www.puchmuseum.at | **Anfahrt** von der A 9 beim Knoten Sankt Michael abfahren und auf der S 16 weiter nach Judenburg zum Museum in der Innenstadt | **Öffnungszeiten** Mi–So und Feiertage 9–17 Uhr | **Tipp** Die Konditorei Rathschüller am Hauptplatz 3 ist kuschelig und führt feine hausgemachte Mehlspeisen.

37__Der Sternenturm

Außen hui, innen hui!

In Judenburg steht mit einer Höhe von knapp 76 Metern der höchste Stadtturm Österreichs. Doch dieser Rekord war den Stadtvätern nicht genug, und sie wollten höher und weiter hinaus, mit den Händen nach den Sternen greifen und mit dem Himmel näher zusammenwachsen. Die äußere Hülle des altehrwürdigen Turms blieb erhalten, doch im Inneren ist ein technisches Wunderwerk entstanden. Die schlichte Pforte wurde zum Eintrittstor in eine andere Dimension, und mit einem gläsernen Panoramalift schießt der Besucher in Windeseile in luftige Höhe. Hier auf der Aussichtsgalerie kann man Judenburg von oben betrachten und im Planetarium unter einer gigantischen Kuppel einen Blick in die unendlichen Weiten des Weltalls wagen. Nicht durch ein Teleskop allerdings, denn es handelt sich hier um keine »gewöhnliche« Sternwarte, sondern ein gigantischer Himmelssimulator vermittelt das Gefühl einer Space Oddity. Mittels neuester Planetariums-Technologie kann man in 3-D-Effekten das Weltall entdecken und am eigenen Leib verspüren, wie sich ein Astronaut bei einem Raketenstart fühlt. Schwarze Löcher werden simuliert, die Weiten des Kosmos durchmessen und vom Urknall bis zur Marslandung wird alles Vorstellbare und Unvorstellbare auf die umfassende Kuppel geworfen. Der Heimatplanet kommt nicht zu kurz, es gibt perfekte Simulationen über die Tiefen und Geheimnisse der Weltmeere, Reisen zu den sieben Weltwundern und sogar Musikperformances von Queen und Pink Floyd im 180-Grad-Surround – man ist mittendrin statt nur dabei!

Wem all das nicht genug ist und wen es nach wahren Grenzsituationen dürstet, der kann unter dem Sternenhimmel sogar den Sprung in ein neues, völlig anderes Leben wagen. Ja richtig, im Turm kann man, untermalt vom Sternschnuppenregen, sogar heiraten … der Bund fürs Leben wird ja bekanntlich im Himmel geschlossen, und damit sind Sie hier genau am richtigen Platz.

Adresse Hauptplatz 1, 8775 Judenburg, Tel. +43/(0)3572/44088, planetarium@sternenturm.at, www.sternenturm.at | **Anfahrt** von der A 9 beim Knoten Sankt Michael abfahren, auf der S 16 nach Judenburg und zum Stadtturm direkt im Zentrum | **Öffnungszeiten** Die Öffnungszeiten sind ein wenig variabel, rufen Sie vorher an oder schauen Sie ins Netz. | **Tipp** Die Ruine Liechtenstein ist einen Besuch wert. Hier trällerte der berühmte Minnesänger Ulrich seine Lieder!

38 Die Handbrauerei Forstner

Der Gaumen jubiliert

Das Reinheitsgebot für Bier sieht vor, dass ausschließlich Hopfen, Malz, Hefe und Wasser zusammengebraut werden dürfen – diese Regel haben kluge Bayern aufgestellt. Die Zeiten haben sich geändert, und der »Hopfenblütentee« wird nicht mehr automatisch mit verrauchten Kellerlokalen oder rustikalen Holzbänken in Verbindung gebracht. Bier ist zum Lifestyle-Getränk mutiert und soll nicht nur Durstlöscher sein, sondern die Geschmacksknospen der Zunge zum Jubeln bringen. Allerorten schießen Craft-Beer-Brauereien aus dem Boden und überbieten sich in Extravaganz und Textur. Doch wie heißt es so schön: Lieber zum Schmied gehen als zum Schmiedl. Einer der Pioniere dieser Zunft ist die Handbrauerei Forstner in Kalsdorf bei Graz. Am Radwanderweg neben der Mur gelegen, war und ist es ein beliebtes Einkehrlokal.

Patron Gerhard Forstner suchte schon Mitte der 2000er Jahre nach neuen Wegen und fand sie in Bieren mit völlig neuartigem Geschmack. Das kommt an, ein spritziges »Blond Ale«, der Wolf im Schafspelz namens »Chili Hot«, das patriotische »Styrian Ale« oder das megakräftige »Illuminatus«, einzigartig und unverwechselbar rinnen diese Craft Beers in Gläser und durstige Kehlen. Heute hütet Elfriede Forstner das Vermächtnis ihres Mannes und achtet mit Argusaugen auf Qualität und Individualität ihrer preisgekrönten Biere. Wer mitreden will bei Geschmack und Ausgewogenheit der neuen Gerstensäfte, raunt von »Indian Pale Ale« oder »International Bitterness Units«, hier geht es um Geruchsintensität und Grad der Bitterkeit.

Wer jetzt zurückschreckt, kann sich sofort wieder entspannen. Solch akademisch anmutende Begriffe bekommt man zwar in Kalsdorf auch zu hören, doch die Bierseminare sind nicht abgehoben, sondern bleiben bodenständig: Bier ist, kunstvoll gebraut und mit ausgefallenen Aromen veredelt, einfach ein wohlschmeckendes Getränk!

Adresse Handbrauerei Forstner, Dorfstraße 52, 8041 Kalsdorf, Tel. +43/(0)3135/54228, bestbier@forstner-biere.at, www.forstner-biere.at | **Anfahrt** B 67 nach Kalsdorf bei Graz und weiter zur Dorfstraße 52 fahren | **Öffnungszeiten** Do, Fr 17–23 Uhr, Seminare nach telefonischer Vereinbarung | **Tipp** Wer mit dem Drahtesel kommt, kann von Kalsdorf aus herrliche Radtouren rund um Graz unternehmen.

39__Das Karl-Ludwig-Haus

Bio am Ende des Regenbogens

Eine der schönsten Rax-Annäherungen führt über den Schlangenweg. Serpentinen erschließen eine Felswildnis mit Karen und himmelhohen Wänden, und auf 1.800 Metern Höhe angelangt erwartet den Wanderer bereits am steirischen Teil des Hochplateaus eine Riesenüberraschung kulinarischer Natur: Bio. Im Karl-Ludwig-Haus werden ausschließlich Nahrungsmittel verarbeitet, die ohne Gentechnik, Kunstdünger, Spritzmittel und Co. erzeugt worden sind. Fertigprodukte aus Dosen und Containern haben Hausverbot, künstliches Aroma kommt bei Hüttenwirt Gerold Hubmer gar nicht erst über die Küchenschwelle.

Der Schweinsbraten aus dem Holzofen stammt von einem Borstenvieh, das ein artgerechtes Leben in der näheren Umgebung geführt und für das der Bauer einen fairen Preis erhalten hat. Serviert wird das Brat'l mit knackigem Krautsalat und Semmelknödeln. Neben Hüttenkost-Klassikern überzeugt Österreichs erste biozertifizierte Schutzhütte auch mit einem etwas anderen Speisenangebot. Gamscurry mit Basmatireis oder einen mediterranen Gemüsetopf mit Couscous muss man am Berg erst mal finden! Schmankerl für Vegetarier und Veganer gibt es reichlich. Bis ins Detail wird die Bio-Philosophie gelebt. Das Latschen-Kracherl ist an Ort und Stelle erzeugt worden ebenso wie der Waldmeister-Sirup. Statt Plastik ragt ein echter Strohhalm aus der Flasche. Und falls das Mahl gar zu üppig ausfiel: Ein Zirbenschnapserl, am besten genossen am sonnigen Hausbankerl, renkt den Magen wieder ein.

Die Einhaltung der strengen Bio-Richtlinien wird mehrmals im Jahr überprüft. Das 2011 renovierte Schutzhaus des Österreichischen Touristenklubs (ÖTK) drängt sich auch für eine Übernachtung in der Höh auf. Das Innere spannt einen Bogen zwischen funktionellem Holzdesign und Schutzhütten-Patina von anno 1903. Und nach einem Bio-Frühstück mit duftendem Brot aus dem Holzofen und Fair-Trade-Kaffee kann der Tag kommen!

Adresse auf der steirischen Seite der Rax, Rax 7, 8691 Kapellen/Neuberg an der Mürz, Tel. +43/(0)2665/380, www.karlludwighaus.at | Anfahrt B 23 nach Kapellen, auf der L 103 (aus Niederösterreich auf der L 135) zum Parkplatz Preiner Gscheid, dann in 2 Stunden über den Schlangenweg zum Ziel (ausgeschildert) | Öffnungszeiten täglich Mai–Okt., spätere Wochenenden erfragen | Tipp Besuchen Sie das stimmungsvolle Raxkircherl, rund 200 Meter südlich vom Karl-Ludwig-Haus, und genießen Sie von der Heukuppe, der höchsten Rax-Erhebung, ein Traum-Panorama (45 Minuten).

40 Das Winzerhaus

Große Vergangenheit, große Zukunft

Die wuchtige Weinpresse in der holzgetäfelten Gaststube erinnert an die Wurzeln des Hauses: 350 Jahre lang wurde hier der Saft aus den Reben geholt, und die Winzer lebten praktisch neben ihrem Arbeitsgerät. Später dienten die Stuben als Buschenschank, und Mitte der 1990er Jahre wurde dieses charmante Gebäude renoviert. Damals siedelten sich hier zwei ganz Große ihrer Zunft an und setzten ein Konzept von Ursprünglichkeit gepaart mit höchsten Ansprüchen in die Tat um. Peter Mosser war der erste Koch, der eine Haube südlich des Semmerings erkochte und sowohl Steirern als auch Kärntnern vermittelte, dass »Nouvelle Cuisine« nicht aus halb leeren Tellern, sondern feinnervig abgeschmeckten Speisen besteht. Sommelier Klaus Zechner besitzt als Weinkenner einen internationalen Ruf und bestückte die Weinkarte in großen Häusern – am Kogelberg hat dieses kongeniale Duo seine wahre Bestimmung gefunden.

Wie jede Gaststube ihren Charakter hat, so drücken Peter und Klaus Küche und Keller ihren eigenen Stempel auf: Was hier auf den Tisch kommt, ist persönlich vorgekostet und für ausgezeichnet befunden worden. Speisen wie Kalbsbeuschl, Sulz, Bauernente und Schwarzbeerstrudel sind Klassiker der steirischen Küche und werden von Mosser punktgenau auf den Teller gebracht. Eigentlich den Mossers, denn Sohn Michael und Enkel Benjamin sind in die Fußstapfen des Meisters getreten und kochen mit gleicher Liebe wie der Doyen – die Zukunft ist gesichert! Am Tisch werkt Zechner mit Hingabe und Nonchalance … hier ist jeder Gast König.

Die Winzer wussten, wo sie ihre Stöckln hinbauten, die landschaftliche Schönheit des südsteirischen Hügellandes entfaltet sich auf der Terrasse des Kogelbergs auf unnachahmliche Weise. Die Winzerhaus-Brigade wurde nach der Sperrstunde dabei beobachtet, wie sie sich hier auf ein Achterl niederließ – wer so einen Job hat, kann getrost auf Urlaub verzichten.

Adresse Silberbergweg 1, 8430 Leibnitz, Tel. +43/(0)3452/83451, winzerhaus@kogelberg.at, www.kogelberg.at | **Anfahrt** von der A 9 die Ausfahrt Leibnitz nehmen, auf der B 74 ins Sulmtal bis zur Auffahrt zum Winzerhaus rechter Hand | **Öffnungszeiten** April–Dez. Mi–So ab 12 Uhr, Feb., März Fr–So ab 12 Uhr, Jänner geschlossen | **Tipp** Fahren Sie nach Leibnitz und besichtigen Sie die römerzeitlichen Ausgrabungen in »Flavia Solva«.

41 Der Schallerwirt

Jodeln macht glücklich

Wenn in alten Zeiten über Berg und Tal ein Jauchzen erscholl, dann wollte in der Regel ein Hirt dem nächsten zu verstehen geben: »Es geht mir gut.« Und unüberhörbar gut geht's auch den Kandidaten, die sich beim Schallerwirt zu einem Jodelseminar eingefunden haben. Eingejodelt wird im Seminarraum oder im Garten. Voller Inbrunst und Sehnsucht schallt das Hollaria-tririahollario über die Wiesen und Wälder der Krakau-Hochebene, einer vom Massentourismus unentdeckten Region am Fuße der Niederen Tauern.

Hausherr Joseph Schnedlitz unterrichtet unverfälschtes Jodeln, wie es sich aus dem ursprünglichen »Almschroa« entwickelte. In der Steiermark ist diese besonders glückselig machende Spielart der Volksmusik – musikalisch meilenweit entfernt von der »akrobatischen« Variante der volkstümlichen Jodelei – zur Hochblüte gelangt. Wer das Seminar in Kombination mit Wandern oder Spazierengehen gebucht hat, dem lässt der Gang über die Almen bald Herz und Stimmbänder aufgehen. Wenn sich drei oder vier Stimmen zusammenfinden, im »füreinand« oder im »hintereinand«, wobei der Mann die obere Stimme übernimmt, klingt das zum Steinerweichen schön! Voraussetzung ist allerdings, die Töne treffen und halten zu können.

Wenn der Andrang groß ist, erhält Schnedlitz Unterstützung von Referenten des Steirischen Volksliedwerks. Bei »Kochen & Jodeln« im Frühjahr bringt er gleich zwei seiner Leidenschaften unter einen Hut. Wild, Lamm und weitere Köstlichkeiten der Heimatküche schmurgeln in den Töpfen. Zwischen den Gängen steht natürlich ein Jodler auf dem Programm, und wenn der Fisch nachgart, dann greift der Schallerwirt schnell noch zu seiner Steirischen Harmonika. Im Wellness-Bereich des kleinen, feinen Hotels wird das Thema des Unverfälschten mit Krakauer Moormassagen und Co. weitergesponnen. Mit einigen Jodlern im Gepäck und in Hochstimmung tritt man den Heimweg an.

Adresse Krakauhintermühlen 55, 8854 Krakau, Tel. +43/(0)3535/8334, www.schallerwirt.at | **Anfahrt** auf der B 96 nach Murau und weiter über Ranten, Seebach in die steirische Krakau, entweder über Krakaudorf oder über Krakauschatten nach Krakauebene, dann circa 1 Kilometer nach der Kirche westlich | **Öffnungszeiten** Der Gasthof ist rund ums Jahr geöffnet, Jodelseminare gibt es mehrmals im Jahr. | **Tipp** Holzkunst vom Feinsten finden Sie in der Kirche Sankt Oswald, sechs Kilometer östlich in Krakaudorf – die 120 Felder der Holzdecke sind alle unterschiedlich gestaltet.

42 Das Ulrichskircherl

Schlicht berührend

Die Bauern blieben beharrlich und wollten die Kirche einfach im Dorf lassen. Und so geschah es, dass das Ulrichskircherl am Hollerberg vom Abriss verschont blieb, als Mitte des 18. Jahrhunderts im Krakau-Hochtal mit seinen Streusiedlungen und abgelegenen Höfen die Pfarr-Infrastruktur gestrafft wurde. Was an Renovierungen notwendig war, besorgte die örtliche Bevölkerung fortan vorwiegend in Eigenregie. Ende des 20. Jahrhunderts wurde auch die Gemeinde aktiv. Heute präsentiert sich das Gotteshaus am Eingang zum Etrachtal als ein Juwel spätgotischer Sakralkunst, das durch seine Einfachheit einen tiefen Eindruck hinterlässt. »Reduced to the maximum«, würde ein Design-Kritiker wohl sagen.

Eine Fassade aus grauem Bruchsteinmauerwerk, gegliedert von Spitzbogenfenstern, ein kleiner hölzerner Dachreiter – das Äußere ist schlicht. Den großen Schlüssel besorgt man sich im Haus nebenan und bekommt von der Mesnerin gleich einige Informationen mitgeliefert, etwa über das elektrische Läutwerk, das vor Kurzem installiert wurde. Viermal im Jahr wird die Messe gefeiert, auch für Hochzeiten oder Taufen steht das Gotteshaus offen.

Der Boden im Kirchenschiff besteht aus grob behauenen Steinplatten. Auf die Orgelempore führt eine steile Holztreppe. Einfach geschnitzte, uralte Holzbänke blicken in Richtung Chor, wo sich mit dem Flügelaltar der wohl größte Schatz des Landkirchleins befindet. Die Statue im Zentrum des Schreins zeigt den heiligen Ulrich von Augsburg, wie Kirchenkenner anhand des abgebildeten Fisches erkennen. Die Darstellungen des Jüngsten Gerichts auf der Rückseite und an den unteren Kanten des Altars stellen das Martyrium von Sündern dem Leben der Frommen im Himmel gegenüber. Eine Augenweide ist die bemalte Holzdecke. Feingliedrige Gitter, Rosetten und Ranken bestimmen das Erscheinungsbild, schwindelerregend schön, wenn man sich in die Details der Ornamentik vertieft.

Adresse Krakauhintermühlen, 8854 Krakau; besorgen Sie sich den Schlüssel im Haus nebenan: Familie Wallner, Krakauhintermühlen 19, Tel. +43/(0)3535/8269 | Anfahrt auf der B 96 nach Murau und weiter über Ranten, Seebach in die Krakau, Ortsteil Krakauhintermühlen, an den Schildern Etrachsee orientieren bis zum etwas erhöht über der linken Straßenseite liegenden Kircherl | Tipp Fahren Sie weiter zum malerischen Etrachsee und lassen Sie sich eine Forelle oder Schwammerl aus dem Wald nebenan schmecken.

43_Der Schattensee

Warum einfach, wenn's auch kompliziert geht?

Ein stiller Moorsee, im Wasser spiegeln sich dunkle Wälder und Bergmajestäten wie der 2.740 Meter hohe Preber. Das allein wäre ja schon eine Empfehlung wert, aber der Schattensee in der obersteirischen Krakau hat noch ein Alleinstellungsmerkmal. Nur an diesem vier Hektar großen Naturidyll und am Prebersee, der schon zu Salzburg gehört, wird der Brauch des Wasserscheibenschießens gepflegt.

An dem einen Ufer, angeschlossen an eine Jausenstation, der Schützenstand. Gegenüber, gut 100 Meter entfernt, der Scheibenstand. Anstatt die kreisrunden Zielobjekte direkt anzuvisieren, schießt man im flachen Winkel auf das Spiegelbild der Scheibe. Von der Wasseroberfläche prallt das Projektil ab und trifft schließlich das Original – so die Theorie. Möglich macht es angeblich die spezielle Oberflächenspannung des Moorwassers. Schwindeln ist übrigens unmöglich, weil die Einschusslöcher eines »Gellers« unverkennbar sind.

Sicherheit wird natürlich großgeschrieben, wenn, vor und nach der Badesaison, ein Schießen ausgerichtet wird. Das geht für Gruppen, individuelle Schützen können sich mitunter anschließen. Natürlich liegt so einem pittoresken Treiben auch eine Legende zugrunde. Sie handelt von zwei Wilderern, die am Schattensee aufeinandertrafen. Der eine rief dem anderen zu, er könne ihn im Wasser ganz klar erkennen, legte an und schoss auf das Spiegelbild, worauf der Wildschütz-Freund tödlich getroffen zusammensackte.

Ihre Jagdinstinkte befriedigen auch Fischer, die am Schattensee Karpfen und Hechten nachstellen. Wie die Kiemenatmer die sporadische Lärmentwicklung aufnehmen, ist nicht bekannt. Vor Kurzem aber, so wird in der Jausenstation erzählt, habe ein Wels in der lokalen Fischfauna ordentlich aufgeräumt. Dann verschwand er. Ob er schließlich am Haken zappelte oder ihn vielleicht ein Abpraller erwischte, ließ sich nicht rekonstruieren.

Adresse 8854 Krakau, Ortsteil Krakauschatten, Tel. +43/(0)3535/8606 (Tourismusverband), www.krakau.at | **Anfahrt** auf der B 96 nach Murau und weiter über Ranten, bei Seebach auf L 521 in die Krakau abbiegen zum 7 Kilometer westlich gelegenen und ausgeschilderten Ziel | **Öffnungszeiten** ganzjährig frei zugänglich, Gruppenschießen Juni – Okt. nach Anmeldung beim Tauernwirt, Tel. +43/(0)3535/8342 | **Tipp** Wagen Sie einen Sprung in den wenige Kilometer entfernten Lungau – hier gibt es mit dem Prebersee das sonnigere Gegenstück zum Schattensee!

44 Der Rosegger-Park

Das kleine Glück

Die Umgebung von Krieglach war im 19. Jahrhundert ein zwar schöner, doch karger Landstrich – es kam selten vor, dass Menschen aus dem normalen Leben heraus in die »weite Welt« gingen. Dem Waldbauernbub und Schneiderlehrling Peter Rosegger gelang dieses Kunststück, frühe Gönner entdeckten sein Talent und schickten ihn nach Graz auf die Handelsschule. Er wurde Zeitungsredakteur, gründete eine eigene Zeitschrift und veröffentlichte eine Vielzahl von Büchern, die in den Kanon der großen europäischen Literatur eingegangen sind. Schilderungen des obersteirischen Alpls, die Fährnisse und das stille Glück eines Lebens inmitten von Bergen und Wäldern haben ihn und sein Werk geprägt: »Als ich noch der Waldbauernbub war«, »Zither und Hackbrett« und »Die Försterbuben« sind Beispiele einer volksnahen Literatur, die durch Rosegger einem breiten Publikum überhaupt erst bekannt wurde. Nie vergaß er seinen langen Fußmarsch zur Volksschule und gründete 1902 die berühmte Waldschule, um Bauernkindern bessere Bildungschancen zu bieten.

Eine Hommage an den Meister ist der Rosegger-Park mitten in Krieglach. Eine schlichte Skulptur erinnert an den Waldbauernbuben, und auf Schautafeln wird sein Leben und Wirken dargestellt. Eine Oase der Besinnung, die durch einen Spielplatz ergänzt wird, um die pädagogische Idee Roseggers zu verwirklichen – Blätterrauschen und Kinderlachen waren ihm wichtig. Der große Heimatdichter war für den Literaturnobelpreis vorgeschlagen, wurde Ehrendoktor der Universität Wien und sogar Mitglied der »London Royal Society of Literature« und blieb trotzdem seiner Heimat im abgelegenen Krieglach verbunden. Wer sich an einem lauen Sommerabend auf ein Plauscherl in den Rosegger-Park setzt, kann sich auch in modernen Zeiten gut in die Seele des Literaten einfühlen – der Platz ist wie die Waldheimat selbst eine Insel der Ruhe geblieben.

Adresse Bürstadtstraße 8, 8670 Krieglach | Anfahrt auf der S 6 von Bruck nach Krieglach zum im Zentrum gelegenen Park fahren | Öffnungszeiten jederzeit zugänglich | Tipp Die nahe gelegene Gölk-Kapelle ist Waldheimat pur – idyllisch und heimelig.

45_Das Wandermuseum

Kleine Geschichte des befreiten Ausschreitens

Beim Wandern lernt man Land und Leute am besten kennen, heißt es, und das trifft auf die Steiermark ganz gewiss zu. Einer der berühmtesten Wanderer aller Zeiten, Johann Gottfried Seume, kann davon ein Lied singen. Nachdem er 1802 auf seinem »Spaziergang nach Syrakus« den verschneiten Semmering (»kein Maulwurfshügel«) überschritten hatte, führte ihn der Weg nach Graz, eine der »schönsten Gegenden« seiner Reise. Und dass er en passant die Grazer als »gutes, geselliges, jovialisches Völkchen« charakterisierte, soll hier auch erwähnt werden.

Am Alpl, nur wenige Kilometer von Seumes Graz-Route entfernt, beleuchtet heute ein charmant-altmodisches Wandermuseum die Geschichte des ausgedehnten Gehens und Sinnierens in der Natur. Das Zeitalter der Romantik bereitete den Boden für eine Popularisierung des Wandersports. Die Sammlung trennt zwischen einer alpinen Spielart und einer romantisch inspirierten, die ab 1900 die Jugend auf der Suche nach Gemeinschaft und Abenteuern hinauslockte, egal, ob im bürgerlich-völkischen Wandervogel oder bei den Roten Falken. Mit Wimpeln und Schildern, Plaketten und Stöcken, genagelten Bergschuhen und Kletterhaken macht einem das Österreichische Wandermuseum den schönsten Zeitvertreib schmackhaft, den die Steiermark zu bieten hat. Peter Rosegger – in seiner Waldschule hat die Sammlung aus der Ära vor Goretex und Online-Routenplaner einen Rastplatz gefunden – hat Wanderstab und Tornister beigesteuert. Skurriles darf nicht fehlen: Ein Waffenpass zeigt, dass man 1932 für die »Ausübung des Touristensports« ein Schießeisen genehmigt bekam. Platz findet auch die Vereinsmeierei bis hin zu ihrer Massenausformung, den ab den 1970er Jahren ausgerichteten Volkswandertagen. »Es ginge vieles besser, wenn man mehr ginge«, heißt es bei Seume. Ja, aber nur allein oder in kleinen Gruppen. In dem Sinne: Machen Sie sich auf die Socken!

Adresse Alpl 2, 8671 Krieglach, Tel. +43/(0)3855/8238, www.waldheimat.at und www.hochsteiermark.at | **Anfahrt** S 6, Ausfahrt Krieglach, der B 72 folgen, bis Alpl fahren, Ziel ausgeschildert | **Öffnungszeiten** April–Okt. Di–So 9–17 Uhr | **Tipp** Wandern Sie zum Geburtshaus des Heimatdichters Peter Rosegger (1843–1918), es liegt nur etwa 30 Minuten von der Waldschule entfernt.

46 Die Gedenkstätte

Wunder und Katastrophe von Lassing

17. Juli 1998. Über die Nachrichtenagenturen tickert die Meldung, dass ein 24-jähriger Bergarbeiter im Talkum-Bergwerk im obersteirischen Ort Lassing verschüttet worden sei. Er habe Luft für 24 Stunden, heißt es. Ein Wettlauf gegen die Zeit beginnt. Am Abend fahren zehn Kameraden in den Stollen ein, um Georg Hainzl zu retten. Dann die Katastrophe: Das Erdreich gibt nach, die Verbindung auch zu den Rettern bricht ab. Dramatische Bilder gehen um die Welt. Sie zeigen Wohnhäuser, die in einen Krater stürzen, dokumentieren fieberhafte Rettungsversuche mit Spezialbohrmaschinen, die sich in die Tiefe arbeiten. Nach neun Tagen ein kleines Wunder: Hainzl wird aus einer Jausenkammer in 60 Metern Tiefe beinahe unverletzt geborgen. Im Krankenhaus erfährt er von den vermissten Kameraden. Ein zweites »Wunder von Lassing« bleibt aus. 19 Tage nach Beginn des Horrors wird der Rettungseinsatz eingestellt. Die Leichen der Bergleute verbleiben in der Tiefe.

20 Jahre später ist die größte Bergwerkskatastrophe in der Geschichte der Zweiten Republik noch immer im öffentlichen Bewusstsein präsent. Wo sie ihren Lauf nahm, gedenken die Familien und Freunde der Verschollenen allerdings auf ihre Weise, privat und abseits vom Scheinwerferlicht. Eine kreisrunde Wiese, nicht weit von Wohnhäusern entfernt, kennzeichnet die Einbruchstelle im Ortsteil Moos, die Menschen und Häuser verschluckte. »Es war großer Mut. Es ist großer Schmerz. Es wird nie vergessen werden«, steht auf einer Tafel zu lesen, bevor man über eine Brücke die berührende Gedenkstätte betritt. Zehn graue Steinplatten, kreisförmig angeordnet, bilden ihr Zentrum. Blumengestecke und Grablaternen schmücken die Steine. Darauf sind Namen und Lebensdaten der Toten festgehalten. Die um die Wiese angepflanzten Bäume erinnern an die Tage des vergeblichen Hoffens. Ein Ort des Gedenkens ist auch die Barbarakapelle nebenan.

Adresse 8903 Lassing, Ortsteil Moos, Tel. +43/(0)664/4122860 (TVB Lassing) | **Anfahrt** A 9, Ausfahrt Rottenmann, B 113 folgen, auf der L 740 bis Moos; auf B 320 nach Liezen, dann via Döllacher Straße und L 740 | **Öffnungszeiten** ganzjährig frei zugänglich | **Tipp** Statten Sie der sechs Kilometer östlich gelegenen Burg Strechau mit dem Steyr-Kfz-Museum einen Besuch ab (Mai – Okt. Di – So 10 – 16 Uhr, www.burg-strechau.at).

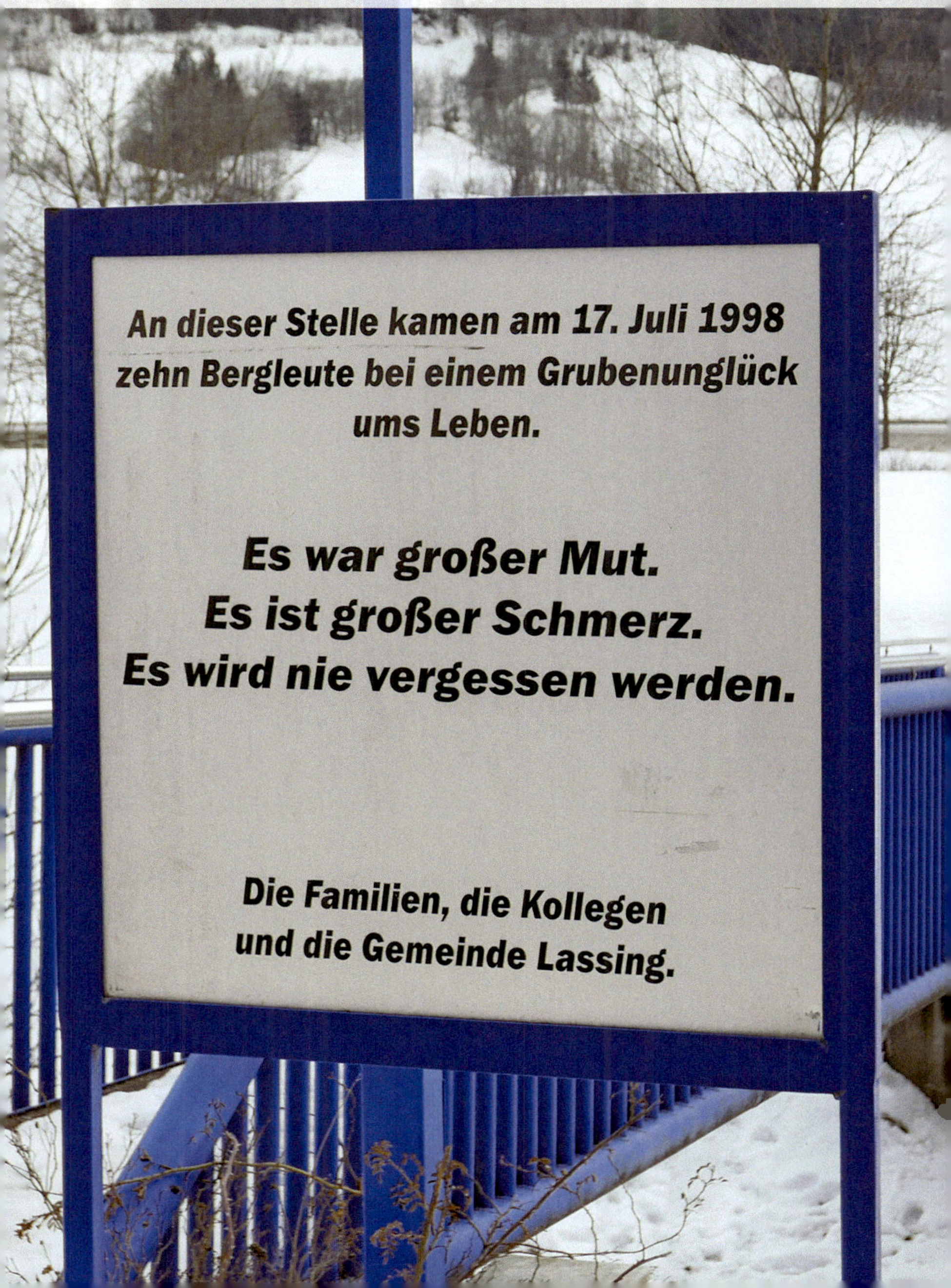

47 Der Sesselzüchter

Auf der Ernte sitzen

»Sie hab'n a Haus baut, sie hab'n uns a Haus herbaut«, dieser Songtext von Arik Brauer entwarf das Horrorszenario eines Gründenkers, dem die Aussicht zubetoniert wird. Unerfreulich für den Betroffenen, aber wie bei so vielem gibt es auch einen positiven Effekt. Als Bernhard Schmid eine Siedlung vor die Nase gesetzt wurde, pflanzte er schnell wachsende Haselnusssträucher an, um seine Privatsphäre zu schützen. Beim Anblick der austreibenden Äste kam ihm jedoch eine zündende Idee: Warum nicht aus Naturmaterial Sessel machen? Biologischer und ökonomischer geht's eigentlich nicht, hier wird die »Ernte« nicht in den Ofen geschoben, sondern zu einzigartigen Möbelstücken verarbeitet.

Schmid formt den lebenden Baum zu Sitzfläche, Beinen und Lehne um, alles in einem Stück, das natürliche Wachstum wird maßgeschneidert, und bei Bedarf werden »Fremdäste« eingefügt. So wachsen für einige Jahre phantastische Gebilde in seinem Wäldchen, werden abgeerntet und persönlich vollendet. Er schält die Rinde sorgsam ab und macht den Baum zur nackten Skulptur, die wiederum zwei bis drei Jahre an der Luft durchtrocknen muss. Danach geht es an das große Finish, Beine und Lehne werden passend gestutzt und eine Sitzfläche aus Acrylglas eingesetzt … diese Unikate sind von bizarrer Schönheit und geben eine Vorstellung davon, was entstehen kann, wenn der Mensch Bäume nicht zersägt, sondern pfleglich verarbeitet.

Wer ab sofort auf Möbelriesen pfeift und sich bei der zukünftigen Wohnzimmereinrichtung in der Natur bedienen will, dem sei ein Besuch bei Bernhard Schmid empfohlen. Er veranstaltet Workshops, bei denen erlernt wird, wie man wild wuchernde Äste zusammenfügt, formt und einem selbst entworfenen Sessel beim Blühen und Gedeihen zuschaut. Was gibt es Besseres für Menschen, die genug haben vom Einheitsbrei aus dem Katalog und den Sprung in eine neue Dimension wagen wollen?

Adresse Hauptstraße 55, 8301 Laßnitzhöhe, Tel. +43/(0)680/2096227, bernhardschmid1@gmx.net | Anfahrt von der A 2 bei der Ausfahrt Laßnitzhöhe abfahren und zum Sesselbaumpark an der Hauptstraße | Öffnungszeiten Voranmeldung bei Bernhard Schmid erbeten | Tipp Am Liebmannweg 23 auf der Laßnitzhöhe können Sie sich im Hotel-Restaurant Liebmann (www.hotel-liebmann.at) vom Scheitel bis zur Sohle verwöhnen lassen – inklusive Gin-Bar mit Dutzenden Sorten.

48 Das Café Elefant

Die tierische Institution

Die grauen Dickhäuter sind der Inbegriff von Beharrlichkeit und Standfestigkeit, einen Elefanten bringt nichts so leicht aus der Ruhe. Die Zeit zieht an ihm vorüber, und er bleibt trotzdem der Alte. Nicht umsonst heißt eine Institution von Leibnitz »Café Elefant«, denn dieses Lokal am Hauptplatz ist eigentlich kein Lokal, sondern die heimliche Seele der Stadt.

Seit über 100 Jahren treffen sich hier alle Bevölkerungsschichten an einem Platz, der nicht nur Geselligkeit, sondern auch familiären Touch ausstrahlt – die Besitzerin Beatrix Drennig führt den »Elefanten« seit 2009 mit kundiger Hand und hat ihn zu einem kulinarischen und kulturellen Hotspot geformt. Der Kopf des Namenspatrons prangt mitten im Lokal mit riesengroßen Ohren und einem extralangen Rüssel als Kunstwerk an der Wand. Lederbänke, geschwungene Holzstühle, Kristalllüster und eine laaange Bar sind Garanten für entspannte Nachmittage und sanft ausklingende Abende. Von früh bis spät gibt es Speis und Trank, Unterhaltung und Genuss. An der Weinbar stehen die feinsten Gewächse der Steiermark zur Verkostung bereit, bei der alljährlichen »Big Bottle Party« treffen sich im »Elefanten« Winzer und Genießer zum önologischen Austausch. Trixis Sinn für die schönen Künste sorgt laufend für Kurzweil und Tiefgang bei Vernissagen, Lesungen und Konzerten – in lauen Sommernächten im Gastgarten mit Flair besonders zu empfehlen.

»Wer sich am Ernst des Lebens verschluckt hat, der findet bei Trixi im Café Elefant wieder sein Lächeln.« Das ist der Wahlspruch der Wirtin, die sich auch als Moderatorin des gesellschaftlichen und kulturellen Lebens der Stadt Leibnitz sieht. In Zeiten der Beliebigkeit und Austauschbarkeit von Systemgastronomie ist eine solche Einstellung Gold wert – man kann nur hoffen, dass auch in den nächsten 100 Jahren ein paar laute Trompetenstöße am Hauptplatz zu hören sind.

Adresse Hauptplatz 32, 8430 Leibnitz, Tel. +43/(0)3452/82597, www.cafe-elefant.at, office@cafe-elefant.at | Anfahrt A 9, Ausfahrt Leibnitz, zum Hauptplatz fahren, Parkplätze vor der Haustür | Öffnungszeiten Mo – Sa 7 – 22 Uhr, So 9 – 22 Uhr | Tipp In der Galerie »Kunst und Kochen« am Hauptplatz 2 werkt Angelika Fink an Staffelei und Herd – Anmeldungen unter Tel. +43/(0)664/2416892.

49__Die Weinbauschule

Trebien und Steinbruch

Der begnadete Volksschauspieler und Raunzer Hans Moser ist durch ein genuscheltes Heurigenlied in die Geschichte eingegangen: »I muass in meim früheren Leben a Reblaus gwesn sein …«. Der weinselige Text verbirgt die Tatsache, dass die Einschleppung der Reblaus nach Europa fast das wirtschaftliche Todesurteil unzähliger Weinbauern gewesen wäre. 1895 wurde in der Steiermark gegengesteuert und von der Regierung das Gut Silberberg gekauft, um hier eine Landesrebanlage zu bauen und künftige Weinexperten auszubilden. Diese lange Tradition mündete darin, dass Silberberg zum modernen Bildungszentrum des Wein- und Obstbaus wurde. Die Absolventen von heute sind die Top-Winzer von morgen, hier wird ihnen alles beigebracht, was zur Hervorbringung höchster Qualität notwendig ist. Das schuleigene Weingut umfasst Wälder und 25 Hektar Rebfläche, das Terroir des Sausals ist die Grundlage, dass Lagenweine wie »Trebien« und »Steinbruch« entstehen können. Die Weinreben für diese fein austarierten Tropfen werden auf steilsten Flächen angebaut und bestechen durch besondere Fruchtigkeit und Mineralität. Welschriesling, Weißburgunder und Sauvignon Blanc sind die Paradesorten des Schulweinguts und erfreuen sich großer Beliebtheit bei den Weinkennern – schauen Sie auf einen Sprung vorbei und überzeugen Sie sich vom Können der steirischen Jungwinzer.

Nach der Besichtigung von Schule und Keller kann einer leichten Benebelung am besten durch Wandern in der Natur entgegengewirkt werden. Dazu eignet sich der Weinlehrpfad hervorragend, wo man von einer Statue des Schutzpatrons Urban aufsteigt und direkt vor Ort alles über die Arbeit im Weingarten, den Boden und die Pflanzen dieser Region und die Struktur der Weingärten selbst erfahren kann. Der höchste Punkt der Wanderung ist die Lage »Steinbruch« – hier wird der edelste Tropfen gekeltert und zugleich der schönste Blick geboten.

Adresse Silberberg 1, 8430 Leibnitz, Tel. +43/(0)3452/82339, www.silberberg.at | **Anfahrt** A 9, Ausfahrt Leibnitz, auf der B 74 bis nach Silberberg 1 fahren | **Öffnungszeiten** Mo–Fr 7–12 und 13–17 Uhr | **Tipp** Der nahe gelegene Sulmsee ist ein perfekter Ort für Badefreuden inmitten sanfter Hügel und Weinreben.

50 Das Schloss Hainfeld

Ur-Inspiration für Untote

Seit Schloss Hainfeld im Osten der Steiermark im Jahr 2014 einen neuen Besitzer fand, ist das Renaissance-Schmuckstück mit seinem arkadengesäumten Innenhof für die Öffentlichkeit nicht mehr zugänglich. Doch auch über die hohen Zäune hinweg verströmt der Bau mit seinen wuchtigen Ecktürmen, die sich im Wassergraben spiegeln, eine geheimnisvoll-romantische Aura.

Spätestens seit der Ausstellung »Carmilla, der Vampir und wir« im GrazMuseum (2014) weiß die Literaturgeschichte Bescheid über Schloss Hainfeld als Inspirationsquelle für den berühmtesten Blutsauger-Roman aller Zeiten. Die Schnitzeljagd führt zurück ins Jahr 1836, als der Schotte Basil Hall den Reisebericht »Schloss Hainfeld: A Winter in Lower Styria« veröffentlichte und die Gegend als ziemlich rückständig rüberkam, heimgesucht von »zügellosem Aberglauben«. Das Image blieb jenseits des Ärmelkanals haften und inspirierte den Iren Joseph Sheridan Le Fanu, seine Novelle »Carmilla« (1872) um eine Blutsaugerin in einem Steirer Schloss anzusiedeln, das manche Gemeinsamkeit mit Hainfeld aufweist. So stammt der Vampir aus dem Geschlecht Karnstein – eine eingedeutschte Verballhornung von Cranstoun, dem Mädchennamen der von Hall besuchten edlen Gräfin von Purgstall.

Auf die Bühne tritt ein Vierteljahrhundert später Bram Stoker. Unter dem Einfluss der Vampir-Novelle seines Landsmanns war er versucht, seinen Roman um einen unheimlichen Blutsauger-Grafen in »Styria« anzusiedeln, wie handschriftliche Entwürfe zeigen. Dann jedoch stolperte Stoker über die historische Figur des Walachen-Fürsten Vlad III. Drăculea, schwenkte auf Transsylvanien um – und das Blutfestspiel nahm einen anderen Verlauf. Ewig schade, die Steirer fielen um einen Tourismusmagneten um. Und nur falls die jetzigen Schlossbesitzer nicht wissen, wie sie ihre 72 Gemächer ausfüllen können: Eine Schau über die unheimliche Steiermark wäre »a bloody good idea«!

Adresse Leitersdorf 1, 8330 Feldbach, Tel. +43/(0)3152/3079 (TVB Feldbach) | **Anfahrt** B 66 oder B 68 nach Feldbach, Schloss im Ortsteil Leitersdorf 4 Kilometer östlich an der B 57 | **Öffnungszeiten** derzeit nur von außen zu besichtigen | **Tipp** Im Restaurant Hotel Pfeiler's in der Bürgergasse 26 in Feldbach (Tel. +43/(0)3152/2403, www.pfeilers.at) lässt es sich vorzüglich wohnen und speisen.

51__Das Schienenzimmer

Ein Bett im Stahlwerk

»Es geht ein Zug nach Nirgendwo …«, dieser Ohrwurm des deutschen Barden Christian Anders beschreibt Sehnsucht und Liebe. Was hat nun ein Schlager mit dem Hotel Kongress in Leoben zu tun? Ganz einfach, das sogenannte »Schienenzimmer« ist eine Hommage an die Industriestadt Leoben mit ihrer Stahlproduktion und zugleich ein kuscheliges Plätzchen für Verliebte. Der Strukturwandel hat Leoben stark verändert und ist eine ständige Herausforderung, mit neuen Ideen an die Tradition der »Eisenbieger« anzuschließen. So wurde das Schienenzimmer aus der Taufe gehoben und verwirklicht einen Traum aus Metall und Chrom.

Wenn auch draußen die Schlote nicht mehr in solcher Intensität rauchen – fällt die Tür ins Schloss, feiert das Treiben im Stahlwerk fröhliche Urständ. An der Wand glüht der Hochofen in 3-D, das Bettgestell sind stabile Streben, und unter dem Fernseher weisen zwei Schienen »Made in Styria« ins virtuelle Nirgendwo. Die Schränke sind Spinde, ausgerüstet mit Asbestjacke und Schutzhelm, im Bad kann man sich die Industrieseife aus dem Spender drücken, und der Weg auf den vermeintlichen Balkon führt über eine Feuertreppe an die Zimmerdecke.

Wer hier wohnt, braucht kein Computerspiel, um sich in eine andere Welt zu versetzen: Wer für eine Nacht Stahlbaron oder Eisengießer sein will, ist hier bestens aufgehoben – das Ambiente ist täuschend echt, und der Gast braucht sich weder um Aktienkurse noch um kochenden Stahl zu kümmern.

Das Hotel bietet im »Gösser-Zimmer« eine Alternative zur heißen Suite an. Hier ist die Einrichtung der Traditionsbrauerei in Göss gewidmet, und statt Lava fließt der Gerstensaft in Strömen: Die Hausbar besteht aus einer Mini-Zapfanlage mit Direktleitung in den Keller, wo viele Fässer stehen – wer Partykönig sein will, sollte dieses Zimmer buchen, denn Freibier für alle Gäste ist ein Argument, dem sich durstige Kehlen kaum verschließen werden.

Adresse Hauptplatz 1, 8700 Leoben, Tel. +43/(0)3842/46800, office@hotelkongress.at, www.hotelkongress.at | Anfahrt A 9, Ausfahrt Leoben und bis zum Hauptplatz fahren, Hoteleingang in der Langgasse 10 | Öffnungszeiten Buchungen jederzeit, Besichtigungen tagsüber möglich | Tipp Leoben ist Heimat der ehrwürdigen Montanuniversität – ein Besuch lohnt sich, hier werden die Superingenieure von morgen ausgebildet.

52_Der Furtner Teich

Alle Vöglein sind schon da

Im ersten Moment erscheint der Furtner Teich etwas unspektakulär, doch eine Schautafel der Landesvogelschutzwarte weist das Gewässer am Neumarkter Sattel als einen der wichtigsten »Bahnhöfe« Mitteleuropas auf den großen Vogelzügen aus. Mitte März trudeln bereits die ersten Kiebitze ein, um sich für den Zug in ihre nördlicher gelegenen Brutgebiete Kalorien anzufuttern oder schöneres Wetter für die Alpenüberquerung abzuwarten. Enten pflügen über den dunklen Seespiegel, Reiher staksen auf der Suche nach Frosch und Brachse im Schilfgürtel umher. Flussregenpfeifer stärken sich im April und Mai. Über 100 Arten, solche, die hier brüten, und Langstreckenzieher – eben noch südlich der Sahara zu finden –, lassen Vogelbeobachter in Verzückung geraten. Auch im Herbst geht es hoch her, wenn Prachttaucher und weitere Exoten Farbe in die Passlandschaft des Neumarkter Sattels bringen.

Vogelkunde steht hier seit den Zeiten des Benediktinerpaters Blasius Hanf (1808–1892) hoch im Kurs. Seine Herangehensweise bestand in Abschuss und fachgerechter Präparierung der Tiere. Sie hat dem nahen Stift Sankt Lambrecht ein sehenswertes Vogelmuseum beschert. Heutzutage steht im Europaschutzgebiet Furtner Teich freilich die Beobachtung der Gäste im Mittelpunkt. Die Steirische Landesvogelschutzwarte bemüht sich um Balance zwischen Naturvermittlung und Vogelschutz. Ruhegebiete sind ausgewiesen, auf einem Lehrweg durch den Schilfgürtel piepst, schnattert und krächzt es. Wichtig: Ruhe, viel Geduld und ein Feldstecher. Nur dem Hobby-Ornithologen erschließen sich all die Details, doch das Naturschauspiel ist gut dokumentiert und das gesamte, in einer eiszeitlichen Gletscherwanne gelegene Biotop mit seinen herrlichen Pflanzen, Insekten und Amphibien einen Besuch wert. Und wenn der Sommer einzieht, kann man den Teich auch aus der Perspektive eines erholungsbedürftigen Wasservogels erleben.

Adresse 8812 Mariahof bei Neumarkt, Tel. +43/(0)3584/2005 (TVB Naturpark Zirbitzkogel Grebenzen), www.natur-land.at | **Anfahrt** B 96 nach Teufenbach und auf L 513 nach Mariahof, Ziel ausgeschildert, Parkplätze und Badeplatz am Südufer | **Öffnungszeiten** ganzjährig frei zugänglich, die Vogelwarte mit Ausstellung in der Regel besetzt | **Tipp** Das Dürnberger Moor drei Kilometer nordwestlich – Anfahrt über den Weiler Vockenberg – ist ein weiteres lohnendes Naturziel.

53 Der Erlaufsee

Den Hundstagen keine Chance

Wenn eine sommerliche Hitzewelle das Land in einen Hochofen verwandelt, selbst die Nächte nicht mehr den Hauch von Kühlung bringen und es mit der Leistungsfähigkeit in den Keller geht, flüchtet der Ostösterreicher am liebsten in die Berge und noch lieber an einen See. Das erste größere Gewässer weit und breit, von Wien aus gesehen, das das Attribut Erfrischung verdient, ist der Erlaufsee: auf 827 Metern Höhe, drei Kilometer nordöstlich von Mariazell, wohin Tausende aus religiösen Beweggründen pilgern – ein Fluchtpunkt, wie man ihn sich als Großstädter an den Hundstagen nur wünschen kann. Im Jahr 1817 vertonte Franz Schubert das Gedicht »Erlafsee« seines Freundes Johann Baptist Mayrhofer. »Mir ist so wohl, so weh / Am stillen Erlafsee« – so lauten die ersten Zeilen, und dem sind nur noch ein paar aktuelle Pinselstriche hinzuzufügen.

Niederösterreich und die Steiermark teilen sich das Naturjuwel, das steirische Südufer präsentiert sich als ein »Best-of-Sommerfrische«. Zwischen Straße und Ufer schmiegt sich ein Naturbadestrand mit Liegewiese und einem Kiesstreifen. Baden ist gebührenfrei, über die Rutsche geht es hinein in das erfrischende Nass. Um die 20 Grad beträgt die Wassertemperatur an heißen Sommertagen. Hellblau, fast milchig wie von Gletscherschliff wirken die Fluten auf den ersten Metern, bevor dunkelgrüne Töne von unerforschten Tiefen und den umliegenden Wäldern künden, die sich auf der Oberfläche spiegeln. Wen der Tatendrang packt, der kann mit Elektro-, Tret- oder Ruderboot in See stechen oder bei der Tauchschule einen Kurs auf den Spuren von Kapitän Nemo buchen. Ein Restaurant mit Aussichtsveranda sorgt für das leibliche Wohl. Der Fischreichtum des Sees ist ebenso groß wie sein Erholungspotenzial. Bald schmort die Seeforelle in der Pfanne; dass man vor Kurzem noch im eigenen Großstadtsaft geschmort hat – das ist vergessen, zumindest für ein Wochenende.

Adresse 8630 Mariazell-Sankt Sebastian, www.mariazell-info.at und www.erlaufsee-strandbuffet.at | Anfahrt B 20, dann ab Mitterbach im Norden beziehungsweise von Mariazell im Süden ausgeschilderte Zubringerstraßen | Öffnungszeiten ganzjährig frei zugänglich, Baden nur im Hochsommer empfehlenswert | Tipp An den Sommerwochenenden dampft von Mariazell aus die Museumstramway an den Erlaufsee – ein Erlebnis mit hohem Nostalgiewert!

54 Die Votivbildsammlung

Geschichten vom wundersamen Überleben

Seit Jahrhunderten wird die Mariazeller Gottesmutter mit Dankesgaben für ihren Beistand in höchster Not überhäuft. Die von Herrschern und Adeligen dargebrachten Kunstgegenstände und Preziosen bringen die Schatzkammern zum Funkeln, Riesenkerzenwälder stehen Spalier, die interessanteren Geschichten erzählen aber die oft von einfachen Bürgern dargebrachten Votivbilder. Zu Dutzenden schmücken sie die Wände der Nordempore und künden von Ereignissen, die auch heute noch Futter für die Chronikseiten geben würden.

Etwa von einem Anschlag auf einen Schlosser, von einem unbekannten Maler mit Gespür fürs Drama auf die Leinwand gebracht. Wie durch ein Wunder zersprang der Schießprügel des Angreifers. So kam es, dass der spätere Auftraggeber des Votivbilds vor der Ermordung durch den »feindlichen Schlossergesellen« gerettet wurde. Im selben Jahr, 1832, Chaos bei der Explosion eines Pulverturms in der Wachau mit einem Toten, einem Verstümmelten und einem, der gänzlich unversehrt davonkam. Ein ausladendes Votivgemälde erzählt von einer Mure, die in einem Steinbruch drei Arbeiter verschüttete. Zwei von ihnen wurden lebend geborgen – sie stifteten das Dankesbild. Textflächen im unteren Bildteil geben die Sachverhalte knapp wieder. Über den Katastrophenszenarien die Erscheinung des Mariazeller Gnadenbilds, auf das die Errettungen aus höchster Not zurückgeführt werden.

Raum auf Raum spannende Geschichten, die im 17. Jahrhundert beginnen und, teils als naive Malerei, bis ins 20. Jahrhundert reichen. Von den 2.500 Votivbildern der Basilika ist nur ein kleiner Teil ausgestellt, in »barocker Hängung« vom Boden bis über Kopfhöhe. Viele der Bilder sind in den vergangenen Jahren restauriert worden. In die Tiefe gehen die Kastenbilder. So hat ein Soldat, der bei einer Granatenexplosion von einem Splitter verschont wurde, diesen hinter Glas gebannt und nach Mariazell gebracht.

Adresse Benedictus-Platz 1, 8630 Mariazell, Tel. +43/(0)3882/25950, www.basilika-mariazell.at | Anfahrt B 20, B 21 oder B 71 nach Mariazell, Parkplatzleitsystem Richtung Basilika/Ortszentrum folgen | Öffnungszeiten Mai–26. Okt. Di–Sa 10–15 Uhr, So und Feiertage 11–16 Uhr | Tipp Ein Ausflug auf die Mariazeller Bürgeralpe rundet einen Besuch des Wallfahrtsortes ab – die Talstation liegt in der Wiener Straße 24, nur wenige Gehminuten von der Basilika.

55 Die Wuchtlwirtin

Und ewig lockt die Mehlspeise

Eine Schicht Staubzucker bedeckt die Wuchtl, serviert wird sie in einem See warmer Vanillesauce. So wie bei der Wuchtlwirtin haben die Süßspeisentiger die Hefeteig-Spezialität am liebsten. Die Wuchtl, die einst über böhmische Köchinnen im Rest der k.u.k.-Monarchie Einzug hielt, passt einfach zum rustikalen Charakter des Ausflugsgasthauses mit seinem von der Sonne braun gebackenen Holzkleid. Schon am Parkplatz steigt einem Mehlspeisenduft in die Nase – eine Wucht!

Kulinarisches Programm wird an diesem idyllischen Ort etwa einen Kilometer östlich des Hubertussees seit 1850 geboten. 120 Jahre später übernahm die Wuchtl (geläufiger ist die Bezeichnung Buchtel) die Herrschaft und wurde zum Markenzeichen des Lokals, das vor allem bei Bikern aus dem Wiener Raum große Beliebtheit genießt. An starken Ausflugstagen werden schon mal 200 Portionen kredenzt. Sollten Buchteln einmal aus sein, was vorkommen kann, muss man lange auf Nachschub warten – denn der Hefe- beziehungsweise Germteig muss eine Zeit lang gehen. Als Alternative empfehlen sich dann Schnitzel oder Forelle.

Die Wuchtlwirtin gewinnt dem böhmischen Klassiker ganz neue Facetten ab. Manche Gäste gelüstete es statt nach Vanille- nach Schokodressing – so entstand die Spezialwuchtl. Ein Gast konnte sich nicht entscheiden, verlangte zu Vanille- und Schokosauce zusätzlich Eierlikör und rief dann aufgrund des sensorischen Feuerwerks auf seiner Zunge aus: »Das ist ja der reinste Luxus!« So hielt die Luxuswuchtl auf der Speisekarte Einzug. Kaiser Franz Joseph zu Ehren, der entlang der Walster öfters dem Jagdvergnügen frönte, wurde eine Kaiserwuchtl kreiert. Egal, ob Standard oder Luxus, am besten schmeckt das Schmankerl auf einem von der Sonne angewärmten Plätzchen vor dem Haus. Das Aroma zieht in die Welt hinaus und lockt auch Mariazell-Pilger an, spätestens auf dem Rückweg ist eine kleine Wuchtlsünde angesagt.

Adresse Walstern 18, 8630 Mariazell-Halltal, Tel. +43/(0)3882/2235, www.wuchtlwirtin.at | Anfahrt B 21, circa 5 Kilometer östlich von Mariazell nach Norden in den Rechengraben/ Hubertussee einbiegen, Ziel circa 1 Kilometer östlich des Sees | Öffnungszeiten Di–So 8–18 Uhr, Sept.–April Do–So | Tipp Machen Sie einen Verdauungsspaziergang um den See und bewundern Sie die zahlreichen Kleindenkmäler aus der Ära des einstigen Jagdherrn Arthur Krupp, unter anderem ein Standbild Franz Josephs als Waidmann.

56__Noreia

Gedämpftes Keltenfieber

Eines der großen Rätsel der alpinen Archäologie dreht sich um das verschollene Noreia. Die Kimbern hätten den Römern im Jahr 113 vor Christus bei Noreia eine vernichtende Niederlage bereitet, vermerkt die Geschichtsschreibung. Strabon verortete ein Noreia 1.200 Stadien (circa 213 Kilometer) nördlich von Aquilea. Auf einer römischen Straßenkarte ist die Bezeichnung Noreia gleich zweimal vermerkt. Und als im 19. Jahrhundert in Europa das Interesse an der eigenen Vergangenheit wuchs, machten sich die Forscher auf die Suche nach dem mutmaßlich wichtigsten Ort der spätkeltischen Zeit.

Um 1930 behauptete der steirische Landesarchäologe Walter Schmid, die »Wiege« des Königreichs Noricum in Sankt Margarethen bei Mühlen gefunden zu haben. Fundamente und Reste eines Walls wurden freigelegt. Der Jubel war so groß, dass das Dorf flugs in Noreia umgetauft und am Grabungsort ein »Königshaus« rekonstruiert wurde. Doch der Traum zerplatzte, eine spätere kritische Befassung ergab nur Belege für eine mittelalterliche Siedlung am Silberberg. Der Hype war vielleicht aus dem Wunsch geboren, Noreia für die Steiermark zu reklamieren. Denn auch in Kärnten wurde und wird bis heute eifrig nach dem »Troja der Alpen« gesucht.

In Noreia ist die Episode um den Leider-doch-nicht-Sensationsfund Teil der Ortsgeschichte. In einem Museum präsentiert der Verein Keltisches Noreia den ein oder anderen Streufund, der tiefer in die Vergangenheit zurückreicht als das Mittelalter. Eine ausgedehnte Keltensiedlung lasse sich damit nicht nachweisen, wird eingeräumt. An einer Führung teilzunehmen ist angeraten. Auch der Besuch des »Königshauses« macht nur in kommentierter Form Sinn, denn das nach Großem klingende Gebäude sieht aus wie ein Stadl. Ein schönes Plätzchen wär's gewesen für eine Metropole. Doch man kann es auch anders betrachten. Wen das Kelten-Fieber packt, der kann sich immer noch auf die Suche begeben.

Adresse Noreia 4, 8822 Mühlen, Tel. +43/(0)3586/2264, www.muehlen.at | Anfahrt B 317 nach Sankt Marein bei Neumarkt, B 92 nach Mühlen, in den Ort und dann den Schildern nach Noreia folgen, Infostelle im Ortszentrum; Feldweg zum »Königshaus« nach dem Ortsschild rechts | Öffnungszeiten Führungen Juli – Sept. Di, Do 14 Uhr nach Voranmeldung ab Infostelle (Noreia Nummer 4), »Königshaus« frei zu besichtigen | Tipp Besuchen Sie in Mühlen das Gasthaus Gössler mit schönem Gastgarten und einer historischen Kegelbahn (Mühlen 25, www.gasthaus-goessler.at).

57 Das Brahms-Museum

Der Meister in Sommerfrische

In der Wiener Straße Nummer 4 eröffnet sich im Innenhof eine eigene Welt, die an den großen Komponisten Johannes Brahms und seine langen Aufenthalte in Mürzzuschlag erinnert. Er verbrachte zeit seines Lebens die Sommermonate außerhalb der großen Städte Hamburg und Wien und schien aus den provinziellen Idyllen gewaltige Schaffenskraft zu ziehen. Im Museum kann man einen Spaziergang durch all diese Sommerfrischen machen, Fotos, Installationen und Partituren, musikalisch untermalt, lassen Orte wie Pressbaum, Pörtschach, Bad Ischl und natürlich das Mürzzuschlag der Jahre 1884 und 1885 lebendig werden.

Brahmsverehrer Ronald Fuchs hat Stück um Stück dieser Lebensreise zusammengetragen, die Räumlichkeiten sind bestimmt durch liebevolle Details und wirklich persönliches Ambiente. Hier entstanden die vierte Symphonie und eine Vielzahl an Chorwerken und Liedern, im komplett erhaltenen Musikzimmer spielte der Meister höchstselbst vor Freunden wie Johann Strauss, Clara Schumann und Peter Rosegger. In diesem Salon steht der restaurierte originale Streicherflügel, an dem Brahms 1889 seine einzige auf Wachszylinder geprägte Schallaufnahme einspielte. Regelmäßig finden Museumskonzerte statt – das Highlight gibt es im September, wenn beim Brahmsfest dem großen Tonsetzer mit Kammermusik, Vorträgen und Gesprächen gehuldigt wird.

»Es gefällt mir hier außerordentlich und lässt sich vortrefflich spazieren«, schrieb der Komponist an seinen Freund Theodor Billroth. Diese Wanderungen in der Umgebung können auf dem »Brahms-Weg« nachgegangen werden, an 20 Stationen bekommt man Informationen über den Künstler, seine Weggefährten und die damalige Zeit. Bonmot am Rande: Auf der Route liegt das Gasthaus »Steinbauer«, wo der Meister bei einer steirischen Hochzeit getanzt hatte – schon amüsant, sich den mächtigen Koloss wie einen Wirbelwind drehend vorzustellen.

Adresse Wiener Straße 4, 8680 Mürzzuschlag, Tel. +43/(0)3852/3434, info@brahmsmuseum.at, www.brahmsmuseum.at | **Anfahrt** über die A2 und S35 nach Mürzzuschlag fahren, Museum nahe der Hauptstraße in einem wunderschönen Innenhof gelegen | **Öffnungszeiten** Mai–Sept. Mi–So 10–17 Uhr, Okt.–April Fr–So 10–16 Uhr | **Tipp** Die »Alte Ratsburg« in der Wiener Straße 38 ist ein baulicher Stilmix, der vom 14. bis ins 19. Jahrhundert reicht – hier trifft Renaissance auf »Neu-Romantik« … eigenwillig und einzigartig.

58 Der Rundlokschuppen

Kleinfahrzeugabteilung des Südbahnmuseums

Auf der Semmering-Bahnstrecke war schon immer Geduld gefragt – selbst der flotte Railjet muss bis heute die historische Route gen Süden in Schaugeschwindigkeit passieren. »Eile mit Weile« ist auch der DNA jener Schienenfahrzeuge eingepflanzt, die im denkmalgeschützten Rundlokschuppen in Mürzzuschlag zu sehen sind. Hier präsentiert das Südbahnmuseum abseits von k.u.k.-Salonwaggon und historischen Dampfrössern eine ebenso umfangreiche wie skurrile Sammlung von Draisinen und Motorbahnwagen.

Am 12. Juni 1817 paradierte der Erfinder Karl von Drais mit seiner Laufmaschine erstmals durch die Straßen Mannheims. Es dauerte nicht lange, da hatten findige Geister das Prinzip des Ur-Fahrrads von den holprigen Straßen bereits auf die noch junge Schiene übertragen. Die Gleislaufmaschine von 1838 saß auf einer (!) Schiene, man stieß sich mit den Füßen ab und balancierte mit 15 Kilometern pro Stunde durch die Landschaft. Bremsen und Pedale fehlten, dafür war der Sitz höhenverstellbar und gepolstert, wie die Rekonstruktion zeigt. Herr von Drais hätte seine Freude gehabt an den Weiterentwicklungen, die seinen Namen trugen. Etwa an einem Modell aus Holz, das wie ein Auslegerkanu funktionierte: Ein Stützrad am zweiten Gleis sorgte für Stabilität, Tempo machte man mit dem Handhebel.

Muskelkraft erforderten auch die kettenbetriebenen Gleisfahrräder (auf zwei Schienen), die in entlegenen Regionen Österreichs bis in die 1970er Jahre zum Einsatz kamen. Kurios auch die über die Schienenstränge kreuchenden Zwitter aus Bahn- und Straßenfahrzeugen, vom 125-Kubikzentimeter-Gleismotorrad bis zum VW Kübelwagen Typ 82 – Letzterer bereits mit Dach. Die kleinen Brüder der Eisenrösser künden von rastlosem Pioniergeist. Der mit Schmieröl- und Kohlearomen imprägnierte Rundlokschuppen aus dem Jahr 1873 bietet diesen Babydinosauriern aus der Trial-and-Error-Phase des Bahnverkehrs eine würdige Bleibe.

Adresse Heizhausgasse 2, 8680 Mürzzuschlag, Tel. +43/(0)664/9108201, www.suedbahnmuseum.at | **Anfahrt** S 6, in Mürzzuschlag abfahren und den Schildern in Richtung Zentrum sowie Bahnhof folgen, Ziel hinter dem Bahnhof | **Öffnungszeiten** circa Anfang April–Okt. täglich außer Di 10–13 und 14–17 Uhr | **Tipp** Zeitgenössisches aus den Bereichen Musik, bildende Kunst und Architektur präsentiert das kunsthaus muerz in der Wiener Straße 56 (www.kunsthausmuerz.at).

59 Die Murpromenade

Neue Wege am alten Fluss

Bis weit in die 1980er Jahre ließen Industriebetriebe und Orte entlang der Mur ihre Abwässer praktisch ungefiltert in den steirischen Hauptfluss wandern. Nach einer ökologischen Kehrtwendung hat sich mittlerweile zum einen die Wasserqualität radikal zum Besseren gewandelt, zum anderen scheinen die Steirer die Mur ins Herz geschlossen zu haben. Diese neue Liebe zeigt sich besonders in Murau, wo die Murpromenade mit einem Skulpturenpark, moderner Architektur und Kulturprogrammen zum Stromern am Fluss einlädt.

Auf einem Felsen unter der Bahnhofsbrücke thront die Bronzeskulptur der jungen Flussgöttin Murna; der Name geht auf keltische Wurzeln und Flurnamen zurück. Unbändig und freundlich zugleich wirkt sie, ihre Pose erinnert etwas an die indische Rachegöttin Kali, aber in ihrer Gelassenheit auch an Buddha. Der wilde Hopfen, der sich um ihren Leib rankt, steht für die fruchtbaren Seiten des zweitlängsten österreichischen Flusses. Blitze, die sie in der Hand trägt, symbolisieren ihre Rolle als Energiespenderin. Dickes Haar quillt unter ihrer Fisch-Haube hervor.

Das Städtchen, das nach der Mur benannt ist, bringt traditionelle und zeitgenössische Architektur kongenial unter einen Hut. Steinerne Bürgerhäuser und ausladende Holzveranden blicken über den Fluss, dann wird das Ensemble vom Café Open Space jäh aufgebrochen. Wie ein Ufo hat sich die Stahl-, Holz- und Glaskonstruktion auf die Stadtmauer gesetzt und behauptet ganz selbstverständlich ihren Platz zehn Meter über der Murpromenade. Der mit dem Europäischen Bauherrenpreis ausgezeichnete Mursteg bietet Fußgängern eine weitere Gelegenheit, das städtebauliche Ensemble zu würdigen. Und wer sich weiter inspirieren lassen will, besucht im Sommer die Murauer Werktage. In den flussnahen Bildhauerwerkstätten erfahren Werkstoffe von Marmor bis Holz unter Anleitung örtlicher Künstler eine Veredelung.

Adresse Murpromenade, 8850 Murau, Tel. +43/(0)3532/2720 (Tourismusbüro Murau), www.murau-kreischberg.at | **Anfahrt** auf B 96 oder B 97 nach Murau, am Bahnhof oder in Innenstadtnähe parken und hinab zur Mur | **Öffnungszeiten** ganzjährig frei zu begehen | **Tipp** Die im Frühjahr 2017 eröffnete »Brauerei der Sinne« macht das köstliche Murauer Bier in allen Facetten erlebbar, eine Bierapotheke gibt es auch (Raffaltplatz 19–23, www.murauerbier.at).

60__Das Rathaus

Amtszentrum des guten Geschmacks

In Rathäusern dominiert üblicherweise der amtliche Charakter. Man bringt seine Anliegen vor, rittert gegen den Amtsschimmel, wenn der wieder mal nicht auf Trab kommen will. Nicht allzu oft passiert es jedoch, dass man ein Rathaus aus ästhetischen Gründen besucht, einfach weil es spannende Architektur ist. Murau hat so ein Amtszentrum und verdankt dies dem Baustoff, der zu einem Markenzeichen für die innovativen Wege der 2.300-Einwohner-Stadt geworden ist: dem Holz.

Gut 200 Jahre lang war das Liechtenstein'sche Haus »Am Hof« für knusprige Brote und Semmeln bekannt. Um die Jahrtausendwende ließ die Stadtgemeinde den historischen Bau zu einem Schmuckstück umgestalten. Hinter der roten Fassade spannt sich ein Bogen zwischen mittelalterlichen Gewölben und modernem Holz-Glas-Design. Dem Atrium verleihen Pflastersteine und Pflanzenschmuck ein leicht mediterranes Erscheinungsbild. Über den Innenhof wölbt sich eine Glasdecke, der Blick schweift in die Wälder und den Himmel über Murau. Hier finden Events wie der Adventmarkt statt. Für Veranstaltungen adaptiert wurde ein an den Schlossberg angebautes Gewölbe aus unverputzten Ziegelsteinen.

Silbern glänzende Beleuchtungskörper kehren den Charme der rohen Wände aus dem »Jahre Schnee« hervor. Auch manche der Holzbalken und -decken haben Jahrhunderte auf dem Buckel. Hier und dort bekommen sie statische Unterstützung von modernen Holzelementen, etwa den Stiegen, die Brücken zwischen den Etagen und Zeiten schlagen. Auf alt gemacht: die Kastenstockfenster aus Lärchenholz. Original alt: eine gotische Türeinfassung aus Sandstein. In puncto Benutzerfreundlichkeit ist man auf dem jüngsten Stand. Die Angleichung der Böden und die Installation von Aufzügen sorgen für Barrierefreiheit. Transparenz, auch im politischen Prozess, symbolisiert der Einsatz von Glas. So ist etwa der Sitzungssaal des Gemeinderates zur einen Seite hin verglast.

Adresse Raffaltplatz 10, 8850 Murau, www.holzwelt.at | Anfahrt auf B 96 oder B 97 nach Murau, Parkplatzleitsystem beim Kreisverkehr folgen und via Hauptplatz/Schillerplatz sowie Anna-Neumann-Straße zum Ziel | Öffnungszeiten Mo–Fr 8–12.30 Uhr sowie Di und Do 14–16 Uhr | Tipp Erkunden Sie die bemerkenswerten Holzbauten der Altstadt vom Mursteg bis zum Holzparkhaus (auch virtueller Guide). Die Broschüre gibt's im Tourismusbüro, Liechtensteinstraße 3–5.

61 Der Dom im Dorf

Einige Nummern zu groß

Schon von Weitem verrät das Münster in Neuberg an der Mürz, dass es einige Nummern zu groß für die Ortschaft mit nur wenigen dutzend Häusern geraten ist. Der Beiname »Dom im Dorf« ist für die 1327 begonnene und nach mehr als 100-jähriger Bauzeit fertiggestellte gotische Hallenkirche mehr als passend. Beinahe nahtlos erfolgt der Übergang in die Wiesen und Wälder des Naturparks Mürzer Oberland. Die Ära als Zisterzienser-Stift ist seit 1786 Geschichte, doch dürfen sich Kirchgänger, Kunstkenner und Besucher der im Juli abgehaltenen Neuberger Kulturtage über einen in einzigartiger Weise erhalten gebliebenen mittelalterlichen Baubestand freuen.

Elegante, scheinbar himmelhohe Säulen tragen den größten Holzdachstuhl aller Kirchen im deutschen Sprachraum. Das Meisterwerk früherer Zimmermannskunst besteht aus 1.100 Kubikmetern Lärchenholz, ist ohne einen einzigen Eisennagel gefertigt und kann auf Sonderführungen erkundet werden. Gold und Marmor, Stuckarbeiten und Schnitzwerk, Reliefs und Kanzeln pflastern die lichtdurchflutete Kirche. An der Wand scheint eine Prachtkutsche zu kleben – einst eine Extraloge für hochgestellte Persönlichkeiten. Auf den einfachen Bänken für das gewöhnliche Volk sind noch verblichene Nummern und Namen zu erkennen.

Der Hochaltar aus dem Jahr 1610 schwelgt in vergoldeter Opulenz. In krassem Widerspruch zum Prunk stehen die allgegenwärtigen Mahnungen an die Vergänglichkeit. Totentänze, ein beliebtes Motiv des ausgehenden Mittelalters, erinnern daran, dass Gevatter Tod keine Standesunterschiede machte, wenn er die Pest über das Land schickte. Bei Betrachtung der Ausgestaltung kann man ein Schmunzeln nicht unterdrücken. Hier ist ein Schädel zur Hälfte als grinsender Totenkopf ausgeführt, dort kommt ein Knochenmann mit Pfeil und Bogen daher. Und bei der Fegefeuer-Installation mit roten Flammen könnten Geisterbahn-Designer Anleihen nehmen.

Adresse Hauptstraße 13, 8692 Neuberg an der Mürz, Tel. +43/(0)3857/8321 (TVB Mürzer Oberland), www.muerzeroberland.at | **Anfahrt** S 6 nach Mürzzuschlag, auf B 23 weiter nach Neuberg, Parkplatz beim Münster | **Öffnungszeiten** Sommer 8–19 Uhr, sonst 9–16 Uhr | **Tipp** Erkunden Sie den ehemaligen Klosterkomplex – heute sind dort unter anderem ein Naturmuseum und eine Glasmanufaktur untergebracht (www.kaiserhof-glas.at).

62__Der NaturLesePark

Die Erdmutter lässt grüßen

Naturparks kennt man, Leseecken auch, aber was ist der NaturLesePark, der sich in Neumarkt der Öffentlichkeit präsentiert? Des Rätsels Lösung wartet am Ende eines von Hainbuchen geformten Blättertunnels. »Im Anfang war das Wort«, heißt es zur Begrüßung, dann betritt man eine lang gestreckte, von Bäumen eingefasste Wiese, die ihren Besuchern durch literarische Inputs und puren Anschauungsunterricht ein Gefühl für die Schönheiten der Natur vermittelt.

Der Grundriss des Parks ist einem Blatt nachempfunden. Beiderseits des Hauptweges wird der Blick auf kleine Wunder gelenkt. Ein aus Holzschindeln errichtetes Nautilus-Schneckenhaus, Granitblöcke und Beete mit blühendem Lavendel laden dazu ein, in den berückend schönen Designs der Natur zu »lesen«. Überdimensionale Buch-Installationen schlagen Brücken zur Literatur. Hier sieht man, auf einem meterhohen Baumstamm, ein aufgeklapptes Buch aus Holz; den Sockel daneben krönt eines aus Metall. Texttafeln zitieren Persönlichkeiten wie Johann Wolfgang von Goethe und Henry David Thoreau – der eine ließ sich von den Schönheiten inspirieren, die er auf einem Osterspaziergang zu sehen bekam, der andere beschrieb seine Erlebnisse und Gefühle in der Einsamkeit der amerikanischen Wildnis. Die Mahnungen werden eindringlicher, je näher es in Richtung Gegenwart geht. Was der Mensch der Natur antue, falle wieder auf ihn zurück, prangern Philosophen und Wissenschaftler den gnadenlosen Raubbau an der Schöpfung an. »Sieh das Schöne«, ist eine der Tafeln betitelt. Dazu muss man sich im NaturLesePark nicht extra bitten lassen. Innehalten, sich auf einer Bank niederlassen und den Blick wandern lassen. Zumindest für ein paar Minuten gelingt es, sich wieder auf die Natur zu polen. »Mehr Respekt vor der Natur« lautet die spirituell aufgeladene Botschaft. Tibetische Gebetsfahnen tragen sie mit dem Wind in die Welt hinaus.

Adresse Grüner Weg, 8820 Neumarkt, Tel. +43/(0)3584/2005 (TVB), www.naturlesepark.at | **Anfahrt** B 317 nach Neumarkt, Nähe Ortszentrum auf Marburger Straße abbiegen, dann auf dem Grünen Weg bis Parkeingang | **Öffnungszeiten** täglich 8–21 Uhr bei freiem Eintritt, Führungen ab 5 Personen Juni–Okt. Mi 16 Uhr, Anmeldung unter info@naturpark-grebenzen.at | **Tipp** Erkundigen Sie sich im Tourismusbüro (Hauptplatz 4) über die vielfältigen Wanderungen im Naturpark Grebenzen-Zirbitzkogel. Besuchen Sie Schloss Lind mit dem sommers geöffneten »anderen Heimatmuseum« (Mai–Okt. Di–So 17–20 Uhr, www.schlosslind.at).

63 Das Trojanische Pferd

Treibstoff der Mongolen

Seit der Antike ist das Trojanische Pferd das Symbol für List und Tücke, nachdem Odysseus sich im Bauch des Tieres verschanzte und den Untergang Trojas besiegelte. Das hölzerne Riesenross in Oberfeistritz hat eine freundlichere Bedeutung: Dieser gigantische »Austrojaner« wurde von Franz Derler als Wahrzeichen der Oststeiermark vor seinen Stutenmilch-Hof gesetzt und verbucht mit der Höhe von 17 Metern einen Eintrag im Guinnessbuch der Rekorde. Wer hier abbiegt, gerät also nicht in eine Kriegslist, sondern ins Paradies der zarten Haut und inneren Ausgeglichenheit.

Der Hof wird mittlerweile von Thomas und Andrea Töchterle geführt und beschäftigt sich mit den Segnungen der Stutenmilch. Schon die Mongolen banden sie vergoren in Schläuchen um Pferdebäuche, ihr Genuss löscht nicht nur den Durst, sondern ist Labsal für Körper und Seele – die sogenannte »Kumis-Milch« gab den Reiterhorden Kraft für ihre Feldzüge bis nach Europa. Am Töchterle-Hof werden »Feistritzer« gezüchtet, veredelte Noriker-Pferde mit sanfter Prägung und ruhiger Art. Für sie gibt es viel Auslauf und gesundes Gras, was zu gehaltvoller Milch führt. Das Melken der Tiere geht ein wenig feinsinniger zu als bei Kühen, denn Pferde geben maximal drei Liter Milch pro Tag und brauchen sensible Melker. Zahlt sich aus … der Milch wird heilende Kraft nachgesagt, und wer daran glaubt, kann im Hofladen aus einer Fülle von Produkten auswählen.

Wer auf das Trojanische Pferd kraxelt und die prächtige Fernsicht über das Feistritztal genießt und sich danach mit einem Gläschen Stutenmilch stärkt, dem ist garantiert nach Abenteuern in der schönen Oststeiermark zumute. Man muss ja nicht gleich einem Ross die Sporen geben und wie die Horden Attilas auf Eroberungsfeldzug gehen. Den Tatendrang kann man mit einem Spaziergang zu einer Buschenschenke abbauen – dort gibt es als Beute ein paar Gläser mit »Rebenmilch«.

Adresse 8184 Oberfeistritz 190, Tel. +43/(0)3175/22140, stutenmilch@toechterle.at, www.toechterle.at | Anfahrt auf der B 72 nach Weiz und weiter nach Anger fahren, Holzpferd direkt neben der Straße | Öffnungszeiten Gestüt und Hofladen: Mo – Fr 10 – 16 Uhr | Tipp Von der Burg Waxenegg ging ab dem 13. Jahrhundert die Besiedelung des Feistritztals aus – die beeindruckende Ruine in Naintsch ist heute noch zu besichtigen.

64__Das Marmelade-Paradies

Die Steiermark im Glas

Kürpfl, Mamitschu und Juhudler sind kein Auszug aus dem Telefonbuch von Bad Waltersdorf, sondern Sortenbezeichnungen für Kreationen der süßen Art. Helga Erhart hat auf ihrem Hof in Oberlimbach aus ihrer Passion für das Einkochen von Früchten einen Beruf gemacht und kann sich heute mit Fug und Recht Gebieterin über das »Marmelade-Paradies« nennen.

So unscheinbar dieser entrückte Ort von außen wirkt, so intensiv wird im Inneren an Hunderten Köstlichkeiten gearbeitet: Schier unerschöpflich ist der Ideenschatz von Frau Helga und dementsprechend groß die Gläserpyramide in der Probierstube. Von A wie Apfel mit Mohn über O wie Orange mit Hollerblütensirup bis zu Z wie Zwetschke mit Mandel und Zimt spannt sich der Bogen dieser Köstlichkeiten, hier präsentiert sich die geschmackliche Fülle der Steiermark in Marmeladegläsern. Bei Frau Helga arbeitet die gesamte Familie mit, »maschinenunterstützte Produktion« ist hier ein Fremdwort, denn alles wird von Hand verarbeitet. Fast alle Früchte reifen im eigenen Obstgarten oder werden von Bauern der Region angeliefert, exotische Sorten sind fair gehandelt, jeder Apfel und jede Birne wird von Hand gepflückt und geschält. Beim Einkochen führt Frau Erharts kundiges Wissen zu geschmeidigen Mischungen. Wenig Zucker, kleine Portionen und kurze Aufkochzeiten lassen das natürliche Aroma und den vollen Geschmack der Früchte zur Geltung kommen. Diese Gaumenfreuden überzeugen nicht nur jedes Süßmaul, sondern auch strenge Juroren – in der Probierstube sind die Wände mit Goldmedaillen gepflastert wie der Walk of Fame mit Sternen!

Nun zur Auflösung des vermeintlichen Telefonbuchs: Kürpfl bedeutet eine Mischung aus Muskatkürbis und Apfel, Mamitschu ist die beschwingte Liaison von Marille und Likör, und bei Juhudler wird Trauben ein Schuss Uhudler beigemengt – aber nicht von der verbotenen Rebe wohlgemerkt, hier gibt es nur einen Rausch der Geschmackssinne.

Adresse Oberlimbach 36, 8271 Bad Waltersdorf, Tel. +43/(0)664/73686191, helga.erhart@gmx.at, www.marmelade-paradies.at | Anfahrt A 2, Ausfahrt Bad Waltersdorf, L 435 bis nach Oberlimbach | Öffnungszeiten Mo – Fr 9 – 12 und 15 – 18 Uhr, Sa 9 – 13 Uhr und nach telefonischer Vereinbarung | Tipp Im Gasthaus »amberner« in Sebersdorf 289 in Untermayerhofen (www.amberner.at) gibt es neben Drinks und feinem Essen auch ein interessantes Kulturangebot.

65_Die Lurgrotte

Under the Dome

Jeder hat es gelernt, doch die wenigsten wissen es zu unterscheiden: Hängen nun Stalaktiten von den Höhlenwänden und wachsen Stalagmiten aus dem Boden oder ist es genau umgekehrt? Es gibt Eselsbrücken und Lexikonwissen, doch ein Besuch in Europas größter Tropfsteinhöhle ist der beste Weg, ein Praktikum in Sachen Innererde zu absolvieren.

Von oben betritt man die Lurgrotte von Semriach aus, der untere Eingang befindet sich hinter einem Kalkwerk in Peggau – faszinierend ist dieser Ausflug in die Welt bizarrer Felsgebilde, gurgelnder Wasserläufe und eingedunkelter Schluchten allemal. Ein Schmelzbach hat über Jahrmillionen die Höhle stetig vergrößert und das Gestein zu einzigartigen Formen geschliffen, die an erstarrtes und matt schimmerndes Eis erinnern. Sommers kann man die Höhle auf gesicherten Wegen besuchen, im Winter besteht sogar die Möglichkeit zu Abenteuerführungen, da zu dieser Zeit keine Gefahr von plötzlichen Hochwassern dräut. Aber Achtung, hier handelt es sich um kleine Expeditionen, die um die sechs Stunden dauern, durch unterirdische Canyons und Kletterstrecken führen und nur mit solider Kondition zu empfehlen sind.

Die Entdecker und Erkunder der Lurgrotte waren phantasiebegabte Menschen, was man an den Namensgebungen der einzelnen Felsformationen ablesen kann. Hier brennen »Osterleuchter«, dort steht die »Rosegger-Säule«, man betritt den »Dom«, ruht unter dem »Baldachin« aus und schlüpft unters – politisch nicht ganz korrekte – »Zigeunerzelt«.

Neben den optischen Effekten verfügt die Grotte über eine konstante Temperatur von circa zehn Grad und eine Luft, die klar ist wie das Wasser des Lurbachs. Wer also ein bisserl schwach auf der Brust ist, kann sich kostspielige Aufenthalte in abgelegenen Sanatorien sparen … ein paar Besuche im Paradies der Tropfsteine, und der Körper fühlt sich frisch und gefestigt zugleich.

Adresse 8120 Peggau oder Lurgrottenstraße 1, 8102 Semriach, www.lurgrotte.com oder www.lurgrotte.at | **Anfahrt** A 9, beim Autobahnkreuz Peggau/Deutschfeistritz die S 35 nehmen und nach Peggau oder weiter nach Semriach fahren | **Öffnungszeiten** 1. April – 31. Okt. täglich 9 – 16 Uhr, Abenteuerführungen Dez. – März nach Vereinbarung | **Tipp** Auf der Strecke zwischen Peggau und Frohnleiten quert die Badlwandgalerie, ein mächtiger Bahnviadukt aus dem 19. Jahrhundert.

66 Die Ruine Peggau

Das rote Camelot

Verfallene Burgen ähneln einander stark: Mauerreste geben eine Ahnung von vergangener Pracht, Gebüsche und Farne versuchen sich allerorts ihr Revier zurückzuerobern, Grün und Grau von Natur und Steinen bieten nicht wirklich Abwechslung fürs Auge.

Peggau ist anders, denn hier springt schon von Weitem ein knallroter Holzbau ins Auge, der sich in das angegriffene Ensemble der ehemaligen Wehrburg fügt – vom heutigen Besitzer erbaut und pittoresker Kontrapunkt zur alten Substanz. Die ist richtig alt, denn schon im 12. Jahrhundert wurde die erste Burganlage von Rodolf de Peka errichtet und ging später in den Besitz des Grafen Bernhard von Pfannberg über. Er beteiligte sich an einer Verschwörung gegen König Ottokar II., der zur Strafe seine Wehranlage schleifen ließ. Doch diese Ruine wurde flugs wieder zu einer mächtigen Burg aufgebaut und durchlief wechselvolle Jahrhunderte, bevor sie 1652 dem Stift Vorau vererbt wurde und in der Folge unbewohnt ein zweites und endgültiges Mal verfiel.

Geblieben ist der hoch aufragende Bergfried, in dessen Innerem sich mächtige Kreuzgewölbe spannen. Ein sechseckiger Schalenturm ist in Rudimenten vorhanden, ein halbrunder Raum mit konischem Rauchfang weist im Erdgeschoss auf eine Alchemisten-Küche der frühen Neuzeit hin. Das rote Holzriegel-Häuschen als Hotspot inmitten der modernden Mauern ist zwar ein wenig gewöhnungsbedürftig, durch die Revitalisierung ist dem völligen Verfall der Burg Peggau jedoch löblicher Einhalt geboten worden. Keine moderne Architektur, aber ein Ambiente wie im Mittelalter bekommt man am nahen Wasserfall zu sehen. Hier schießt ein Bach zwischen baumbewachsenen Felsen zu Tal – dieses Bild ginge glatt als Kulisse für einen Ritterfilm durch: Guinevere und Lancelot schließen sich vor den herabstürzenden Kaskaden in die Arme … da kann man sich die Ruine Peggau gleich als Camelot dazuträumen.

Adresse Mittereggstraße 1, 8120 Peggau | **Anfahrt** auf der A 9 oder B 67 nach Peggau und weiter zur gut sichtbaren Ruine fahren | **Öffnungszeiten** jederzeit von außen zu besichtigen | **Tipp** Die nahe gelegene Margarethenkirche schmiegt sich an den Felsen, man betritt sie durch ein gotisches Portal.

67_Das Laufkraftwerk

Der Wolf im Schafspelz

Die Mur ist die Hauptschlagader der Steiermark, entspringt in der Schmalzgrube in den Niederen Tauern, teilt die Landeshauptstadt Graz in zwei Hälften und mündet bei Legrad in die Drau. Ihr Wasser ist die Quelle des steirischen Lebens und seit 100 Jahren Motor der Stromerzeugung. Nun sind Kraftwerke normalerweise Zweckbauten und architektonisch den Umständen angepasst, doch die Staustufe Pernegg mit Krafthaus, Wehr und Stauraum ist eine löbliche Ausnahme. Das ursprünglich aus den 1920er Jahren stammende Ensemble wurde bei einer Generalsanierung nicht vollständig abgerissen, sondern im Inneren modernisiert – so blieb der Charme der Vergangenheit und das Gebäude als Zeuge der damaligen Architektur erhalten.

Das Wehr erinnert mit seinem hoch aufragenden Übergang ein wenig an eine mittelalterliche Burg, das Krafthaus ist ein klar strukturierter, symmetrischer Bau mit halbrunden und großflächigen Fenstern, die die Turbinenhalle mit natürlichem Licht durchfluten. Im Kraftraum geht es technisch zur Sache, alte Francis-Maschinen wurden durch drei leistungsstarke Kaplan-Turbinen ersetzt, die Leittechnik und Steuerungselektronik auf den neuesten Stand gebracht. Hier arbeitet der sprichwörtliche »Wolf im Schafspelz«: Von außen mutet es an wie eine schlummernde und baulich wertvolle Industrie-Ikone, drinnen surrt eine vibrierende, unermüdlich laufende Kraft, die Tausende Haushalte mit Strom versorgt – und ist jederzeit zu besichtigen!

Ökologisch orientierte Mitbürger runzeln bei Wasserkraftwerken gern die Stirn, doch in Pernegg wurde vieles für die Umwelt getan: Der Stauraum verfügt nunmehr über mehrere aufgeschüttete Inseln, die bereits von zahlreichen Tieren als Lebensraum okkupiert wurden. Außerdem ist der Wasserspiegel angehoben und an die natürlichen Gegebenheiten angeglichen worden ... Wasserenergie und Umweltschutz können sehr wohl zusammenfließen.

Adresse E-Werkstraße 2, 8132 Pernegg an der Mur | **Anfahrt** S 35, Ausfahrt Mixnitz, nach Pernegg weiterfahren bis zum weithin sichtbaren Wehr über der Mur | **Öffnungszeiten** Das Kraftwerk steht zu den Betriebszeiten für Besucher offen, das Wehr ist tagsüber begehbar. | **Tipp** In der nahe gelegenen Bärenschützklamm rinnt das Wasser ungebändigt über Stock und Stein.

68 Die Pfarrkirche

Eine Weide für Ohr und Seele

In der Hofreitschule zu Wien zeigen die weißen Pferde ihre einzigartigen Kunststücke einem erlauchten Publikum – von diesen anstrengenden Vorstellungen erholen sie sich im Sommer auf Schloss Piber und genießen viel frische Luft und saftiges Heu. Die Sommerresidenz ist weltberühmt, doch nur ein paar Meter neben dem Schloss tut sich eine wahre Augen- und Ohrenweide auf, denn die Ortskrone von Piber ist die Pfarrkirche Sankt Andreas, welche mit 1.000-jähriger Geschichte und nagelneuen Orgelklängen aufwarten kann.

Grundform des Gebäudes ist ein hoch aufragender Ostturm in romanischem Stil, der später mit einem Zwiebelhelm versehen wurde. Durch barocke und gotische Zubauten zog sich die Vollendung der Pfarrkirche bis ins 17. Jahrhundert hin. Die ursprüngliche Apsis ist heute durch einen mächtigen Hochaltar verdeckt, der um 1720 geschaffen wurde und den Apostel Andreas mit einem Kreuz aus schrägen Balken im Zentrum zeigt. Dieses prächtige Ensemble wurde 2002 durch eine futuristisch anmutende Orgel ergänzt, die eckig und kantig einen hervorragenden Kontrapunkt zur Rundung des Schiffs bildet. Und erst die Töne! Orgelbaumeister Walter Vonbank hat ein Meisterwerk geschaffen, dessen Klangvolumen dem Raum genau angepasst ist und das Modernität mit dem Tonus alter Mauern verbindet. Zu hören beim alljährlichen Festival Sacra Musica Piber, wo dem Zuschauer und Zuhörer ein Fest für alle Sinne geboten wird.

Die Kirche eine reife Dame, die Orgel ein Säugling … im Vergleich dazu ist das Schloss Piber in den besten Jahren. Es wurde Anfang des 18. Jahrhunderts im Stil Domenico Scassias erbaut und ist mit einem dreigeschossigen Innenhof samt Pfeilerarkaden ein Klassiker der damaligen Architektur. Wie der Schoß einer Familie mutet das Ensemble von Schloss, Kirche und Orgel an – vielleicht fühlen sich die Lipizzaner deswegen so pudelwohl auf ihrer Sommerfrische.

Adresse Pfarramt Piber, Piber 2, 8580 Köflach, Tel. +43/(0)664/3576166, pfarramt@pfarre-piber.at | **Anfahrt** auf der B 70 nach Bärnbach und weiter nach Piber fahren | **Öffnungszeiten** tagsüber geöffnet | **Tipp** Direkt neben dem Gotteshaus befinden sich die Stallungen der Lipizzaner – schöne Rösser in pittoreskem Ambiente.

69 Die Apfelstraße

Ein Meer von Blüten

Ein kleiner wissenschaftlicher Exkurs: Am Tag strömt warme Luft aus dem pannonischen Klimaraum ins »Pucher Becken«, des Nachts fließt kalte Luft von den Bergen des Feistritztals. Thermisch hochinteressant und mit einem wunderbaren Effekt – hier wachsen aromatische, prächtig gefärbte Äpfel, die einzigartig sind auf der Welt. Nur wenige Menschen kannten die Schönheit der Landschaft um Puch bei Weiz, bis Mitte der 1980er Jahre der Baumschulbesitzer Hans Höfler und ein paar Mitstreiter die zündende Idee hatten, fünf Gemeinden zu einer Region zusammenzufassen und sie »Steirische Apfelstraße« zu nennen. Das hat sich gelohnt, denn mittlerweile können Menschen aus aller Welt den einzigartigen Anblick von Blütenmeeren auf sanften Hügeln bewundern und im Herbst in frische, saftige Äpfel beißen. Es gibt ein zünftiges Apfelblütenfest, Erlebnisfahrten durchs Pucher Becken und auf dem Hof der Familie Kelz das Obstbaumuseum, das Besucher auf eine Reise durchs Apfelland und seine Eigenheiten mitnimmt. Im Museum werden Anbau und Ernte erläutert, ebenso der Werdegang des Apfels vom Neolithikum über Römerzeit und Völkerwanderung bis in die Steiermark der Gegenwart – diese Frucht hat nicht nur Geschmack, sondern atmet wahrlich Weltgeschichte. Im Freien warten ein Presshaus, alte Apfelsorten im Obstgarten, ein summendes Bienenhaus nebst Wetterturm und natürlich hervorragende Säfte und Schnäpse … ideale Verhältnisse, um sich hinzusetzen und die Seele baumeln zu lassen.

Wer Zeit und Muße hat, sollte sich die Apfelstraße zweimal im Jahr gönnen – im Frühling bei der Blüte und im Herbst vor der Ernte. Der Duft bildet eine Wolke, und die Früchte hängen reif und schwer an den Ästen. Anblick und Aromen lassen eine hauchfeine Trance entstehen, und man kann live miterleben, dass Obst auf Bäumen wächst und gedeiht, bevor es ganz am Schluss ins Supermarktregal kommt.

Adresse Die Apfelstraße schlängelt sich rund um Weiz durchs Pucher Becken. | Anfahrt A 2, Abfahrt Gleisdorf, auf der B 64 in Richtung Weiz fahren | Öffnungszeiten Am schönsten ist die Apfelstraße während der Apfelblüte im Frühling. | Tipp Im Haus des Apfels in Puch bei Weiz (Harl 25) erwartet Sie eine Institution rund um diese saftige Frucht (Tel. +43/(0)3177/3117, mostschank.kelz@aon.at).

70 Die Lodenwalke

»Goretex«-Qualitäten und schick dazu

Lodenstoff – nichts als grüngraue Nischen-Bekleidung für Jäger und Trachtenfreunde? Ein Besuch in der Ramsauer Lodenwalke straft diese Ansicht Lügen. Seit 1434 wird in dieser etwas abgelegenen Ecke der Ramsau hochwertige Kleidung erzeugt, und was heutzutage den Betrieb verlässt, das können auch modebewusste Personen am Leib tragen. Schautafeln, Exponate und ein Blick über die Schultern des Personals verdeutlichen die 16 Arbeitsschritte bei der Erzeugung des Walklodens. »Wolfen« steht am Beginn – dabei wird Schafwolle von einer mit Zähnen bestückten Walze klein gerissen und vermischt. Beim »Walken« wird die Wolle in handwarmem Wasser so lange gepresst (»gewalkt«), bis sie verfilzt. »Blattln« heißt der Vorgang, bei dem der fertige Loden in einer uralten Bügelpresse endgültig geplättet wird. Die Vorrichtung dazu hat gut 200 Jahre auf dem Buckel.

Loden hält warm und hat durch das Verdichten sowie das natürliche Wollfett Lanolin auch gute wasserabweisende Eigenschaften. Dem »natürlichen Goretex der Alpen« gewinnen die Ramsauer Lodenwalker auch sportliche Facetten ab, wie man im Schauraum am Ende des Rundgangs erkennt. Der klassische Lodenmantel hat Sakkos in Knallrot als zeitgenössisches Gegenüber, schick geschnittene Kostüme machen Besucherinnen schöne Augen. Manche schwören auf eine strapazierfähige Skihose aus Loden statt aus Synthetik. Das Lodenset für das Baby umfasst Decke, Mütze und Kirschkernkissen. Der Laptop kommt in das trendige Lodentascherl und bleibt dort trocken. Lässige Mode, erzeugt aus einem nachwachsenden Rohstoff, der frei von chemischen Zusätzen und biologisch abbaubar ist. Und – ein gewichtiges Argument – der auch nicht auf Ausbeutung von Menschen fußt. Nur einen »Nachteil« – aber für Neugierige zugleich ein Ansporn – gibt es: Man muss sich hierherbemühen, denn die Lodenwalke-Erzeugnisse gibt es ausschließlich in der Produktionsstätte in der Ramsau.

Adresse Rössing 122, 8972 Ramsau am Dachstein, Tel. +43/(0)3687/81930, www.lodenwalker.com | **Anfahrt** auf der B 320 nach Schladming, mit Shuttlebus oder auf der L 711 nach Ramsau, an der L 725, etwa 5 Kilometer östlich von Ramsau Ort, Ziel bestens ausgeschildert | **Öffnungszeiten** Mo–Fr 8–18 Uhr, Sa 8–13 Uhr | **Tipp** Spazieren Sie zurück nach Ramsau Ort und genießen Sie die herrliche Hochplateaulandschaft mit Blicken auf die Niederen Tauern und das Dachsteinmassiv.

71__Die Treppe ins Nichts

Komm mal runter!

Früher war der Berg »nur« Berg und der Mensch, der aus der Stadt rauskam, damit zufrieden, Höhenmeter in der frischen Luft zu machen, sich auf eine seilversicherte Passage zu wagen oder ein paar Schritte auf einem Gletscher zu tun. Und wenn der Panorama-Gipfel der Wahl niedergerungen war, hielt die damit verbundene Dosis Adrenalin im Alltag noch lange an. Im Zeitalter der Nonstop-Events und Kicks lockt diese Art von Bergerlebnis nur mehr wenige hinter dem Ofen hervor. Heute muss der Berg aufgemotzt werden, wie etwa in Ramsau, dem Hauptschauplatz der TV-Serie »Die Bergretter«. Zum Aufwärmen sechs Minuten Cabrio-Feeling mit der Gletscherbahn. Der Wind bläst einem um die Ohren, und die Gehörgänge knacksen, wenn die Gondel mit offener Plattform am Dach zum Hunerkogel hinaufsaust.

2.700 Meter Höhe, Zacken und Zinnen rahmen ein Gletscherfeld ein. Das wäre schon spektakulär genug, doch nun werden die Besucher über gähnende Abgründe hinausgelockt. Die Ouvertüre bildet eine 100 Meter lange Hängebrücke, die mit Zement, Bolzen und Drahtseilen im Fels verankert ist. Windstöße bis zu 250 Kilometer pro Stunde hält sie angeblich aus – doch wenn der stählerne Wurm unter den Schritten abenteuerhungriger Dachstein-Besucher zu schwanken beginnt, helfen solche Versicherungen der Erbauer exakt nichts! Das Herzstück der Konstruktion trägt die Bezeichnung »Treppe ins Nichts«: 14 Stufen führen hinab auf eine Plattform aus Glas, die Hunderte Meter über dem Nichts schwebt. »Runterkommen«, ein oft mit Wandern assoziierter Anti-Stress-Effekt, gewinnt hier eine ganz andere Bedeutung. Das Bauchgefühl sagt Nein. Doch wie von Zauberhand setzen sich die Beine in Bewegung. Ein Schnappschuss muss sein, dann zurückgesprintet in Sicherheit. Denn mit festem Boden unter den Füßen lässt sich das Panorama über die halbe Steiermark und bis zum slowenischen Triglavmassiv viel entspannter genießen.

Adresse am Hunerkogel, Bergstation der Dachstein-Gletscherbahn, Schildlehen 79, 8972 Ramsau am Dachstein, Tel. +43/(0)3687/22042810, www.derdachstein.at | Anfahrt auf der B 320 nach Schladming, mit Shuttlebus oder auf der L 711 nach Ramsau zur Talstation Dachstein-Gletscherbahn | Öffnungszeiten zu Betriebszeiten der Gletscherbahn, bei Extremwetter gesperrt | Tipp Spazieren Sie in etwa 30 Minuten von der Talstation zum Alpinmuseum Austriahütte. Hier erfahren Sie alles über das Dachsteinmassiv und seine Kletterpioniere (Mai–Ende Okt. täglich 10–17 Uhr).

72 Der Weg des Buches

Luthers Bibel unter der wildesten Kuh

Als Martin Luther 1517 seine 95 Thesen an die Tür der Wittenberger Schlosskirche hämmerte, begann auch im Habsburgerreich die Erde zu beben. Binnen weniger Jahrzehnte wechselte ein großer Teil Innerösterreichs zum Protestantismus. Dann rollte die Gegenreformation an und drängte die Evangelischen mit Gewalt zurück zum Katholizismus – oder in den Untergrund. Diese Geschichte des Geheimprotestantismus erzählt der »Weg des Buches«, der von Oberösterreich über das Salzkammergut und die Steiermark bis nach Kärnten führt und in der steirischen Ramsau wohl die abenteuerlichsten Episoden parat hat.

Nirgendwo hielten die Bauern so beharrlich am Luthertum fest wie in der abgeschiedenen Hochebene südlich des Dachsteinmassivs. Das »Zeitroas«-Museum veranschaulicht, wie ihnen das nach der Vertreibung ihrer Geistlichen gut 180 Jahre lang gelang. Basis war die aus Bayern quer durch Österreich geschmuggelte Literatur. Versteckt unter der Last von Salzträgern aus dem nahen Gosau legten Lutherbibeln sowie Gesangsbücher ihre letzte Etappe zurück. Der Schmugglerroute von der Hopfürglhütte herab folgt der Themenweg in den Ort Ramsau. Die Bücher waren »heiß«, studiert wurden sie abends am Stubentisch, versteckt, wie eine Rekonstruktion zeigt, etwa im Stall unter der wildesten Kuh. Den Ramsauer Widerstandsgeist verdeutlicht auch eine Installation aus 127 historischen Religionsbüchern. Die Zahl steht für ebenso viele Ramsauer Familien – 98 Prozent der Bevölkerung –, welche sich als evangelisch outeten, als ihnen 1790 das Toleranzpatent eine eingeschränkte Ausübung ihres Glaubens gestattete. Noch mal 100 Jahre später durften die Ramsauer nach einem bescheidenen Bethaus auch eine ordentliche Kirche errichten. Das Gotteshaus im neuromanischen Stil, wuchtig nach außen, klassisch-schnörkellos im Inneren, ist die letzte Station auf dem Weg des Buches, bevor es hinab nach Schladming geht.

Adresse 8972 Ramsau am Dachstein, Tel. +43/(0)3687/818338 (TVB Ramsau), www.wegdesbuches.at und www.zeitroas.at | **Anfahrt** auf der B 320 nach Schladming, mit Shuttlebus oder auf der L 711 nach Ramsau, Ziele im Ortszentrum | **Öffnungszeiten** Gotteshaus: tagsüber frei zugänglich, Museum Zeitroas unterhalb der Kirche: Di, Mi 10–12.30 Uhr, Mi, Do, Fr 15–18 Uhr | **Tipp** Erkunden Sie den Freizeitpark Rittisberg 2,5 Kilometer westlich vom Ortszentrum Ramsau. Hier wird mit Sommerrodelbahn, Badesee, Ziplines und Co. der Abenteuergeist beschworen.

73_Das Hexenmuseum

Die schlimme Liesl

»Hexen-Song« hieß das Lied der Gruppe Ecco, war 1988 Nummer eins der österreichischen Hitparade und fußte auf der Landesausstellung »Hexen und Zauberer« in der Riegersburg, die sich umfassend mit Verfolgung und Prozessen rund um »weise« Frauen in der Steiermark befasste. Für Ecco reichte es nur zu einem »One-Hit-Wonder«, doch das Interesse an Hexen liegt in der Natur des Menschen. Ob es die wohligen Schauer sind, die einem beim Anblick von Schandmasken und furchterregenden Folterwerkzeugen den Rücken hinunterlaufen, oder die wissenschaftliche Aufbereitung eines dunklen Kapitels, das Interesse an den Umtrieben der Vergangenheit scheint ungebrochen. Die Riegersburg in ihrer heutigen Form als gewaltige Wehranlage ist der Burgherrin Elisabeth Katharina von Galler zu verdanken, die im 17. Jahrhundert als »schlimme Liesl« ein Leben abseits der gültigen Normen führte und selbiges in zahlreichen Prozessen gegen bockige Männer verteidigen musste. Katharina Paldauf war ihre kräuterkundige Dienerin, die als »Blumenhexe« verflucht auf dem Scheiterhaufen endete. Diesen beiden Frauen und der Hexenjagd in Europa ist das Museum in den herrschaftlichen Prunkräumen gewidmet, Originaldokumente wie das Protokollbuch »Der Hexenhammer«, Relikte des Aberglaubens, Videos, Texte und Installationen vermitteln ein umfassendes und plastisches Bild – wer vor dem virtuellen Scheiterhaufen steht, kann die Flammen hochzüngeln spüren.

Ecco sang von Besenreiten, schwefeligem Gebräu in verrauchten Küchen und schwarzen Katzen, die um die Beine teuflischer Frauen streichen. Der aufgeklärte und moderne Mensch weiß, dass derlei Wahngedanken eher der Phantasie moralgeplagter Bürger in einer tiefreligiösen Zeit entsprangen. Außenseiterinnen wurden flugs als verbrecherische Wesen und ein selbstbestimmtes Leben als Schande stigmatisiert … zum Glück heißt das heutzutage Trendsetterin und Role Model!

Adresse Burg Riegersburg, 8333 Riegersburg 21, Tel. +43/(0)3153/8346, www.riegersburg.com | **Anfahrt** A 2, Abfahrt Sinabelkirchen, auf der B 65 bis nach Riegersburg zur weithin sichtbaren Burg fahren | **Öffnungszeiten** April und Okt. täglich 10–18 Uhr, Mai–Sept. täglich 9–18 Uhr | **Tipp** Die »Tortenkomponisten« bespielen in der Packerstraße 183 in Söding eine Café-Konditorei mit biologischen Produkten von A bis Z.

74 Der Käsehimmel

Der Mann im Goldregen

»Verkaufts mei G'wand, i fahr in Himmel …«, als dieses unvergessliche Wienerlied komponiert wurde, umschwirrten das geistige Auge des Verfassers wohl volle Weingläser, und der ewige Rausch war Inbegriff des Paradieses. Nun leben wir in Zeiten, die Genuss mit biologischer und gesunder Nahrungsaufnahme verbinden und einen angeregten Gaumen höher schätzen als eine überanstrengte Leber – was uns in den Käsehimmel der Familie Stern in Rohrbach führt. Seit 500 Jahren wird der »Aichstern-Hof« von ihr bewirtschaftet, und Filius Vinzenz ist trotz seiner Jugend ein begnadeter Käsemacher. 2007 wurde er jüngster Käsemeister Österreichs und legte am elterlichen Hof mit Eigenkreationen und alten Sorten los. Die Rohmilch stammt von hauseigenen und glücklichen Kühen, die frisch gemähtes Gras fressen und ihre müden Häupter auf weiches Stroh betten. Vinzenz verarbeitet die Milch einen Steinwurf vom Stall entfernt zu duftenden Köstlichkeiten, die »Aichstern«, »Stoasteira« oder »Grünes Herz« heißen. Ihren Geschmack zu beschreiben ist ein Ding der Unmöglichkeit, man muss die elegante Note, den zarten Schmelz und die feine Würze am eigenen Gaumen spüren. Fachleute sind sich einig, dass man solche Qualität selten bekommt, daher werden Vinzenz' Kompositionen alljährlich mit Preisen überhäuft: Wer den Hofladen betritt, wähnt sich in Fort Knox, denn Goldmedaillen schimmern an allen Wänden und legen Zeugnis ab von großer Handwerkskunst.

Feinkosttheken haben die Globalisierung in jeden Winkel des Planeten gebracht und ermöglichen Ankauf und Verzehr von Spezialitäten aus aller Welt. Ob drin ist, was draufsteht, bleibt dem festen Glauben des Konsumenten überlassen – wer auf Nummer sicher gehen will, deckt sich besser am Aichberghof mit feinaromatischem Käse und Joghurt ein. Man muss deswegen nicht sein »G'wand« verkaufen, und wer die Augen schließt, fühlt sich garantiert wie im Himmel.

Adresse Rohrbach 80, 8151 Rohrbach-Steinberg, Tel.+43/(0)3123/2331, vinzenz.stern@gmx.at, www.aichstern.at | **Anfahrt** von Graz-Wetzelsdorf kommend über Steinberg nach Rohrbach fahren, ansonsten von der A2 bei Mooskirchen abfahren und weiter Richtung Hitzendorf und Rohrbach | **Öffnungszeiten** Mo, Mi–Sa 8–18 Uhr | **Tipp** In der »Alten Kirche« von Sankt Bartholomä können Sie im Glockenturm den Nachlass von Hanns Koren einsehen, er war eine Ikone der steirischen Volkskunde.

75 Das Gaberl

Wo die Uhren langsamer gehen

Die Straße zwischen Gleinalpe und Stubalpe kann auf eine lange und große Tradition zurückblicken: Bereits die Römer mühten sich über den 1.500 Meter hoch gelegenen Pass, später wurden Salz und Wein auf dieser Route ins obere Murtal transportiert. Um den Reisenden Obdach und Schutz zu bieten, erbaute Gabriel Klauzer Mitte des 19. Jahrhunderts eine Schutzhütte, die fortan nach dem Besitzer »Gaberl« genannt wurde. Der Berggasthof inklusive nostalgischem Schriftzug und 100 Jahre altem »Schifahrer-Stüberl« ist Ruhepol und Mittelpunkt eines Gebietes, wo die Uhren ein wenig langsamer zu gehen scheinen.

In langen Serpentinen erreicht man die Anhöhe, ausgedehnte Kurven und prächtige Weitsicht bieten ideale Bedingungen für Motorradtouren. Im Sommer fühlt man sich auf der Terrasse des Gaberlhauses fast wie in einem Film mit Dennis Hopper und Peter Fonda – »Easy Rider« sitzen hier bei Apfelstrudel und Häferlkaffee. Rundherum bevölkern Bergfexe den Nord-Süd-Weitwanderweg oder machen sich Ausflügler auf zum »Alten Almhaus«, einer weiteren legendären Hütte auf der Stubalpe. Wenn der Winter kommt, werden Wiesen und Waldeinschnitte zu Skipisten mit Familientauglichkeit. Allen Besuchern ist am »Gaberl« ein Augenblick vergönnt, der magische Züge hat: Der Ort vermittelt selbst bei großem Trubel Ruhe, und die Weitsicht ins Tal lässt für einen Moment die Zeit fast stillstehen.

Nicht nur Menschen suchen auf der Passhöhe Erholung und Entspannung, nur einen Steinwurf entfernt tut sich eine Sommerfrische der tierischen Art auf. Hier schütteln sich die Lipizzaner aus Piber auf einer ausgedehnten Weide die anstrengende Arbeit in der Hofreitschule zu Wien aus den Knochen. Saftiges Gras, frische Almkräuter und freier Auslauf sind Garanten dafür, dass sich die weißen Rösser im Herbst wieder auf Kunststücke wie Levade, Kapriole und Courbette konzentrieren können.

Adresse Gaberlhaus: Gaberl 1, 8592 Salla, Tel. +43/(0)3147/243 | **Anfahrt** Das Gaberl ist die Passhöhe der B 77 zwischen Köflach und Judenburg. | **Öffnungszeiten** 1. Mai–26. Okt. und 1. Dez.–20. März täglich | **Tipp** Die nahe gelegene Rochuskapelle stammt aus dem 16. Jahrhundert, man kann hier noch heute Hochzeiten und Taufen feiern.

76 Der Klapotetz

Vogelscheuche auf Steirisch

Wenn es »tscheppert«, meint man damit in der Steiermark, dass irgendetwas laute Geräusche von sich gibt. Der Demmerkogel ist ein ganz ruhiger Hügel bei Sankt Andrä, doch vom 25. Juli bis zum 11. November, also zwischen Jakobi und Martini, wird die Ruhe durch ein gleichmäßiges Klappern unterbrochen, wenn der Wind weht. Ein Klapotetz von gigantischen Ausmaßen tut seinen Dienst und vertreibt auf steirische Art hungrige Vögel, die sich an den Weintrauben laben wollen.

Der Name leitet sich vom slowenischen »klopótec« für »klappern« ab, diese Windmühlen sind jedoch Wahrzeichen für das steirische Weinland geworden. Anderswo auf der Welt stehen Vogelscheuchen herum oder sollen Metall-Mobiles Spatzen und Amseln verscheuchen. Hier machen zwölf mächtige Flügel Wind und betreiben eine Drehachse namens Grindel, die wiederum die Klöppel oder »Klacheln« schwingen lässt. Diese schlagen auf ein Akazien-Klangbrett, das letztlich Töne erzeugt, die den gefräßigen Spatzen die Federn zu Berge stehen lassen. In freier Natur ist dieses Holzrad das größte seiner Art, misst stolze 16 Meter, bringt sechs Tonnen auf die Waage und ist aus verschiedenen Hölzern gearbeitet, die gleichmäßigen Rhythmus und Klang erzeugen. So verschmelzen hier Fichte, Akazie und Vogelkirsche zu einem harmonischen Ganzen, das Robustheit und lange Lebensdauer für diese steirische Vogelscheuche garantiert. Das mächtige Windrad steht auf einem dicken Eichenstamm, in den Steigeisen eingelassen sind, um eine regelmäßige Wartung zu garantieren. Wichtig ist dieser Zugang vor allem bei Sturmwarnungen, dann heißt es für die Klapotetz-Warte: ganz schnell nach Höch fahren und die Bremse einlegen! Der durch Sturmböen entfesselte Klapotetz könnte sich selbstständig machen und eine Spur der Verwüstung durchs steirische Hügelland ziehen – er soll ja Spatzen erschrecken und nicht friedliche Leutchen.

Adresse Höch 3, 8444 Sankt Andrä-Höch | Anfahrt von der A 9 bei Wildon abfahren und die L 601 Richtung Preding und weiter nach Sankt Andrä-Höch nehmen, von der Volksschule (Höch 3) zum Klapotetz gehen | Öffnungszeiten jederzeit zu besichtigen | Tipp Oberhalb des Klapotetz befindet sich die Aussichtswarte Demmerkogel inmitten einer prächtigen Schmetterlingswiese.

77_Die Büchsenmacher-Rosl-Büste

Ikone der Ansichtskartenfotografie in Bronze

Zusammengekniffene Augen, rote Wangen und das Gesicht ansteckend vor Fröhlichkeit. Genauso wie jeder Alpentourist das Matterhorn kennt, so kennt er oder sie mit ziemlicher Sicherheit auch die »Büchsenmacher-Rosl« – zumindest vom Ansichtskartenständer. Urlaubsgrüße mit ihrem Konterfei wurden ab den 1970er Jahren in 100.000-facher Ausfertigung verschickt. Die Geschichte hinter diesem Welterfolg zeichnet das Hochschwabmuseum in Sankt Ilgen nach, wo seit einigen Jahren auch eine Bronzebüste an die »fröhliche Oma« erinnert.

Als Rosina Maria Friedrich wurde die Büchsenmacher-Rosl 1858 im obersteirischen Aflenz geboren. Ihr Vater war ein Büchsenmeister aus Böhmen – daher der Vulgoname. Die biografischen Infos sind eher dürr; die Rosl scheint nicht gerade auf die Zuckerseite des Lebens gefallen zu sein, sie verdiente sich ihr Geld als Kellnerin, Wäscherin und Kinderbetreuerin. Es war ihr Talent für das Grimassenschneiden, das ihr ein Nachleben bis in die Gegenwart bescheren sollte. Die berühmte Fotografie entstand um das Jahr 1928, fand jedoch 40 Jahre später in nachkolorierter Version ihren Weg in den Ansichtskartenhandel.

Die Steirerin wurde zu einer »alpinen Botschafterin«, einem Symbol für das Leben in den Bergen, das sich die Kartenschreiber wohl als rau, aber herzlich vorstellen mochten. Eine rekonstruierte Köhlerhütte soll die bescheidenen Umstände illustrieren, unter denen die Rosl im Alter lebte. Hätte die Büchsenmacher-Rosl für jede Karte mit ihrem Abbild einen Cent verdient, wäre sie Millionärin geworden. Doch da sie bereits 1933 verstarb, hatte sie von der Geschäftemacherei nichts. Aber ihr auf Bronze übertragenes Lachen scheint auch das hinwegzuwischen. Wenn die Sonne auf das Denkmal scheint, steht ihr der Schalk ins Gesicht geschrieben.

Adresse am Rundweg ab Hochschwabmuseum, Sankt Ilgen Nummer 111, 8621 Thörl, Tel. +43/(0)3861/81303, www.hochschwabmuseum.at | **Anfahrt** B 20, in Thörl abbiegen nach links Richtung Sankt Ilgen, immer geradeaus weiter bis zum Parkplatz am Ende der Straße | **Öffnungszeiten** Das Freiluft-Denkmal ist ganzjährig zu besichtigen, das Museum von Juni–Sept. Sa, So und feiertags von 13–18 Uhr geöffnet. | **Tipp** Kehren Sie nach getaner Wanderung im Alpengasthof Bodenbauer ein – Wildspezialitäten und typisch steirische Kost stehen auf der Speisekarte, das Haus ist vor Kurzem renoviert worden (www.der-bodenbauer.at).

78 Die Sammlung des »Graffelpaters«

Schluckbilder, Votivkröten, Hexenbesen

Grüne Wiesen, tiefe Wälder und sanfte Berge – das Benediktinerstift Sankt Lambrecht ist in ein pastorales Idyll eingebettet. Zu einer Schatztruhe der bäuerlichen Kultur wird das Kloster durch die Sammlung, die Pater Romuald Pramberger, ein Freidenker und Autodidakt, vor ziemlich genau 100 Jahren auf den Höfen zwischen Zirbitzkogel und Grebenzen zusammengetragen hat. Seine Leidenschaft für Gegenstände des bäuerlichen Alltags trug ihm den Beinamen »Graffelpater« ein – wobei »Graffel« in Österreich Dinge bezeichnet, die reif für die Mülltonne sind. Von wegen! Das erste Aha-Erlebnis: Über der Eingangstür winden sich drei formschöne Krämerschlangen. Von den Reptilien aus Holz baumelten einst Schinken, Würste und andere Angebote kleiner Dorfgeschäfte und machten Appetit auf ein Shopping-Erlebnis.

Von magischen Vorstellungen kündet die Abteilung Volksmedizin. Eine Fichtenwucherung hielten manche für einen Hexenbesen – lange nach dem Beginn der Aufklärung. Von briefmarkengroßen »Schluckbildchen« mit dem Abbild der Mariazeller Gottesmutter versprach man sich einst Heilung. Der Schutz der Heiligen sollte durch die Einnahme auf die kranke Person übergehen. Auch wächserne Votivgaben in Form von Körperteilen, etwa Zähnen, unterstützten im Volksglauben medizinische Anliegen. Besonders bizarr: ein Krötenvotiv, das bei Frauenleiden und in Geburtsnöten dargebracht wurde. Die Kröte stand bereits in der Antike für die Gebärmutter.

Einige der Höfe, die Pramberger auf Leinwand bannte, gibt es längst nicht mehr. In der »Graffel«-Sammlung und in den Büchern des »Steirischen Grimm« klingt die verschwundene Welt nach. Bekunden Sie gleich zu Beginn der Stiftsführung Ihr Interesse an der Volkskundlichen Sammlung, dann gewähren die Guides hier länger Zeit, um alle Details würdigen zu können.

Adresse Benediktinerstift Sankt Lambrecht, Hauptstraße 1, 8813 Sankt Lambrecht, Tel. +43/(0)3585/230529, www.stift-stlambrecht.at | Anfahrt über B 96 nach Teufenbach beziehungsweise Murau, den Beschilderungen nach Sankt Lambrecht folgen, Ziel im Ortszentrum | Öffnungszeiten 15. Mai – 15. Okt., Führungen ab 5 Personen Mo – Sa 10.45 und 14.30 Uhr, So und feiertags nach Gottesdienst sowie 14.30 Uhr, Winter erfragen | Tipp Mit einem Spaziergang durch den prächtigen Stiftsgarten, einer Shopping-Tour im gut sortierten Klosterladen und einem Schmaus beim revitalisierten Ledererwirt (Hauptstraße 34) ist das Sankt-Lambrecht-Paket rund!

79_Der Sölkpass

Alpenübergang im Abseits

Wer in der Steiermark weit weg von allem will, dem sei eine Fahrt durch die Sölktäler und über den Sölkpass ans Herz gelegt. Seine Blütezeit erlebte der Alpenübergang in der frühen Neuzeit, als Saumhändler mit Ladungen von Salz und mit Vieh vom Ennstal ins Murtal zogen, um mit Wein, Gewürzen und weiteren südlichen Spezereien zurückzukehren. Spätestens im 19. Jahrhundert rutschte der Pass mit dem Bau besserer Straßen- und vor allem Bahnverbindungen beinahe von der steirischen Landkarte.

So hebt das kombinierte Natur- und Fahrerlebnis um einiges beschaulicher an als auf der berühmten Großglockner-Hochalpenstraße mit ihren Millionen Besuchern. Bewirtschaftete Almen locken zu einem kulinarischen Zwischenstopp, bevor die in den 1950er Jahren zweispurig ausgebaute und asphaltierte Erzherzog-Johann- beziehungsweise Sölkpassstraße im Zickzack an Höhe gewinnt. Sommerfrischende Rinder kreuzen den Weg, Rinnsale sprudeln über die Almmatten und lassen Almrausch, Glockenblumen und Co. sprießen. Schaupulte und Lehrwege schaffen Bewusstsein für die Besonderheiten des alpinen Lebensraums.

Riesige Steinblöcke säumen die Passhöhe in 1.790 Metern Höhe. Eine Kapelle trotzt den Elementen, aber selbst ihre dicken Mauern schirmen das Heulen des Windes nicht ab, der mitunter über die Niederen Tauern braust. Neolithische Pfeilspitzen und eine 3.000 Jahre alte Gewandnadel aus Bronze zählen zu den spektakulärsten Funden im Passbereich. An einem hochalpinen Brandopferplatz wurden den Göttern Gaben für eine gefahrlose Überquerung dargebracht. Heute bringen Motorradfahrer den Passgottheiten ein kleines Benzinopfer dar. Bei den Bikern hat die touristisch kaum erschlossene Strecke Kultstatus, wie auch die zahlreichen Aufkleber am Sölkpass-Straßenschild erkennen lassen. Sie genießen hier oben eine besondere Freiheit, aber das gilt auch für Mountainbiker und Wanderer im Naturpark Sölktäler.

Adresse Erzherzog-Johann-Straße, 8961 Sankt Nikolai im Sölktal/Sölk, Tel. +43/(0)3685/20903 (TVB Sölktäler), www.soelktaeler.at | **Anfahrt** von B 320 nach Gröbming, weiter über L 704 nach Stein an der Enns, hier Beginn der Erzherzog-Johann-Straße; von Süden: B 96, dann nach Schöder | **Öffnungszeiten** Mitte Mai–etwa Okt. | **Tipp** Stärken Sie sich mit Steirerkas, Hirschbraten und weiteren Schmankerln in der Sölkstub'n (Mößna 194, Sankt Nikolai) oder auf einer der Almen entlang der Straße.

80 Der Kalvarienberg

Alles auf einen Blick

Es soll ja vorkommen, dass Leute des Nächtens ein wenig illuminiert nach Hause gehen. Ein wackerer Bauersmann im Sankt Radegund des 18. Jahrhunderts querte eine »Leitn« – auf gut Steirisch »steiler Hang« –, und plötzlich erschienen ihm Engel, die hell erleuchtet mit den Leidenswerkzeugen Christi den Boden aufgruben. Dieses Ereignis schilderte er dem Pfarrer, und daraus entstand etwas Großes – der Ort der Vision wurde zum Volks-Kalvarienberg und zählt heute zu den bedeutendsten Beispielen spätbarocker Sakralkunst.

Rosa getünchte und grau geschindelte Häuschen auf kleinen Terrassen markieren die einzelnen Stationen des Kreuzweges, der an der Kapelle »Zum Gegeißelten Heiland« endet. Üppiger Figurenreichtum, geschaffen von Philipp Jakob Straub, zeichnet die Szenen aus, umrahmt werden sie von Passionsfresken, die Josef Pregenzer mit feinem Strich und tiefem Glauben malte – kein Wunder, er war nebenher auch Vorbeter und Vorsänger der Pfarre. Ob landschaftlicher Zufall oder bewusste Architektur, den Kalvarienberg zeichnet eine grandiose Komplexität aus: Wer bei der ersten Station steht, kann den gesamten Leidensweg mit einem Blick erfassen, der Pfad selbst steigt sanft auf und kann als Reise zu sich selbst dienen.

Den Weg auf den Hügel beschließen eine Kreuzigungsgruppe und die zweijochige Kapelle mit Chor und Hochaltar. Hier offenbart sich dem Betrachter ein Stilmix, denn barocke Fresken und Andachtsbilder werden von Biedermeier-Lüstern illuminiert. Etwas Besonderes stellt die »Heilige Stiege« dar: Außen mit Pilastern und Stuck verziert, befinden sich im Inneren ein Altar der Mater Dolorosa und weitere Stationsgruppen an den Stiegenenden. Die Bausubstanz dieses barocken Juwels ist erhalten geblieben und durch Renovierungsarbeiten hervorragend konserviert worden, Farben und Figuren wirken frisch und klar … die Vision des Nachtschwärmers scheint wie gestern Nacht geträumt.

Adresse 8061 Sankt Radegund | Anfahrt auf der B 72 nach Sankt Radegund, in den Ortskern fahren, Kalvarienberg ausgeschildert | Öffnungszeiten tagsüber zu besichtigen | Tipp Das Kurhaus Sankt Radegund ist ein prächtig renoviertes Gebäude aus der Glanzzeit des Höhenkurorts.

81__Das Rosarium

Im Rausch der Düfte

Kennen Sie die Sage von König Laurin und seinem prächtigen Rosengarten? Der blumenvernarrte Zwerg hatte sich in die schöne Similde, Tochter des Königs von Etsch, verliebt, sie trotz mangelnden Widerhalls geraubt und in seinen Rosengarten entführt. Dietrich von Bern schritt zur Befreiung und schnappte den hinterhältigen Laurin, der sich unter einer Tarnkappe verbarg, inmitten der Rosensträucher, da er durch die Bewegungen der Pflanzen den Unsichtbaren orten konnte. Laurin nahm's seinen Lieblingen übel und verfluchte den Garten, den kein Mensch bei Tag und bei Nacht jemals wiedersehen sollte – nur die Dämmerung vergaß er, und deswegen kann man zu dieser Zeit in den Dolomiten sehr wohl das prächtige Rosengart'l leuchten sehen.

Eine schöne Geschichte, doch wer es sich ein wenig einfacher machen möchte, sollte nach Sankt Stefan im Rosental fahren und sich dort dem Rausch der Düfte und Farben hingeben. Das 1993 eröffnete Rosarium im Ortszentrum hat Tag und Nacht geöffnet und lädt zum Flanieren, Sinnieren und vor allem Schauen und Riechen ein. Durch einen Blumenbogen, der bekanntlich die Seele reinigt, betritt man eine ausladende Gartenlandschaft mit zentralem Pavillon. Hier gibt es weit über 100 verschiedene Rosenarten zu bewundern, die sich an Stöcken entlang der Spazierwege ranken; selbst grüne Exemplare gibt es – Sie sind also nicht farbenblind! Und wem nicht nach Rosen zumute ist, der wird durch ein Meer von Tulpen und Narzissen beglückt.

Wenn der unsterbliche Laurin einmal den Weg nach Sankt Stefan fände, würde sein Groll wohl in Windeseile verrauchen. Kein Liebhaber dieser prächtigen Blumenart kann hier widerstehen, kein Gram so groß sein, dass man nicht dem Duft und der Anmut verfällt. Runter mit der Tarnkappe und fröhlich durch die Blumenbeete spazieren – die Natur zu genießen ist besser, als Verflossenen nachzutrauern.

Adresse Feldbacherstraße 24, 8083 Sankt Stefan im Rosental, Tel. +43/(0)3116/8303, gemeinde@st.stefan.at, www.rosental.at | Anfahrt auf der B 73 nach Sankt Stefan im Rosental, zum Rosarium mitten im Ort | Öffnungszeiten jederzeit zu besichtigen | Tipp Der Wehrkirchhof gleich neben dem Garten ist wie eine Rose … schön und widerspenstig.

82__Das Greith-Haus

Eine Henne ausgebrütet

Wegweiser sind schmucklose und klar definierte Hilfsmittel. Fährt man in Richtung Sankt Ulrich im Greith, sieht die Sache ein wenig anders aus, denn hier künden bereits die Bushaltestellen von einem interessanten Ziel. In die Landschaft geduckt und bedeckt mit schuppigen Schindeln sind sie Mini-Pendants zum großen Greith-Haus, das, Ende der 1990er Jahre mitten in den Ort gebaut, ein architektonisches Highlight nahe der slowenischen Grenze darstellt.

Damals wollte man dem Ort neues Leben einhauchen und beauftragte das Architektenduo Karla Kowalski und Michael Szyszkowitz damit, ein multifunktionelles Kulturhaus zu konzipieren, das sich nahtlos ins Ortsbild fügt und zugleich eine völlig neue Sichtweise eröffnet. Operation gelungen: Das Gebäude schmiegt sich wie eine brütende Henne an den Ortskern und bietet, nur einen Steinwurf entfernt, einen reizvollen Kontrapunkt zur alten Pfarrkirche. Das Dach besteht aus drei kühnen Wellen, die seitlich schindelbedeckt in die Landschaft fließen, das Hauptschiff des Gebäudes ist mit flexiblen Lamellen ausgestattet, die den Innenraum je nach Bedarf abdunkeln oder erleuchten. Dort sind Bühne und Zuschauerraum untergebracht, wo Konzerte und Lesungen stattfinden. Damit nicht genug, sind die Nebenräume für Ausstellungen und ein hauseigenes Archiv reserviert – bei der Fülle von Veranstaltungen ein Raum, der eine Menge zu erzählen hat.

Einer der Hauptinitiatoren dieses Projektes war Schriftsteller Gerhard Roth, den die Landschaft rund um Sankt Ulrich zu seinen Romanen »Der Stille Ozean« und »Landläufiger Tod« inspirierte. Der Literat tat sich mit der Sulmtal-Ikone Josef Zmugg zusammen, und sie erträumten sich ein Haus der schönen Künste »mitten an der Peripherie« – der Traum ist wahr geworden und bestes Beispiel dafür, dass Künstler nicht nur Luftschlösser bauen, sondern architektonische Kleinode auf die Beine stellen können.

Adresse Kopreiniggasse 90, 8544 Sankt Ulrich im Greith, Tel. +43/(0)3465/20200, kultur@greith-haus.at, www.greith-haus.at | Anfahrt A 9, Ausfahrt Leibnitz, B 74 nach Gasselsdorf und weiter nach Sankt Ulrich | Öffnungszeiten Mo–Fr 7–12 Uhr, Di, Do 13–18 Uhr | Tipp Hier im »Stillen Ozean« gibt es viele wunderbare und geradezu kontemplative Wanderwege – gehen Sie einfach los!

83_Das Marx-Fresko

Der etwas andere Prophet

»Religion ist das Opium des Volkes!« Mit diesem Zitat ist der Verfasser des kommunistischen Manifests in die Geschichte eingegangen. Karl Marx wollte die Massen nicht nur von wirtschaftlichen, sondern auch von seelischen Fesseln befreien und sah die Kirche nur als Hindernis auf dem Weg ins Paradies der Werktätigen. Den bärtigen Widersacher des Christentums würde man auf einem Kirchengemälde wohl in direkter Nachbarschaft des Satans vermuten. Doch weit gefehlt, in der Pfarrkirche Sankt Veit am Vogau hat der Maler Felix Barazzutti Marx als Volkstribun verklärt, der neben Jesus Christus seine Reden schwingt.

Wie kam es zu dieser einmaligen Zusammenkunft zweier kontroverser Weltanschauungen? Das im 18. Jahrhundert errichtete Hauptschiff der Kirche wurde erst zu Beginn des Ersten Weltkrieges mit Fresken ausgestattet. Dechant Johann Saurug ließ Barazzutti neben klassischen Motiven auch ein apokalyptisches Wandgemälde fertigen, um den Zusammenbruch der alten Ordnung als biblischen Sündenfall zu interpretieren. Hier brennt eine Stadt, stürzt eine Herrscherstatue, Revolutionäre schwingen rote Fahnen, und Gott sieht dem wilden Treiben teilnahmslos zu. Karl Marx ist kein wütender Antichrist, sondern besonnener Redner und Künder einer neuen Zeit. Diese positive Darstellung ist wohl dem italienischen Blut Barazzuttis geschuldet, der es während des Krieges als Ausländer in der untergehenden Monarchie nicht leicht hatte.

Die Ideen von Marx wurden vielfach getestet und sind fast genauso oft gescheitert – selten wird heute noch versucht, diese gesellschaftlichen Visionen in die Praxis umzusetzen. Doch der christliche Glaube schwächelt ebenso, beide Weltanschauungen scheinen nicht mehr zeitgemäß. Vielleicht liegt das an ihrer ewigen Rivalität und mangelnden Bereitschaft, andere Ideologien zu akzeptieren … die Kirche in Sankt Veit bleibt wohl ein seltenes Zeugnis des Nebeneinanders.

Adresse Am Kirchplatz 5, 8423 Sankt Veit am Vogau, Tel. +43/(0)3453/25030 | **Anfahrt** A 9, Ausfahrt Vogau-Straß, auf der B 67 bis zum Kirchplatz Sankt Veit am Vogau fahren | **Öffnungszeiten** Die Kirche ist täglich geöffnet. | **Tipp** Das Gasthaus zur Traube am Kirchplatz 4 (Tel. +43/(0)3453/2508) bietet hervorragende Kulinarik in einem renovierten Bürgerhaus – der Genießer Karl Marx hätte sich hier pudelwohl gefühlt.

84_Der Klafferkessel

Fifty Shades of Blue

Für dieses Ziel muss man sehr gute Kondition und Alpinerfahrung mitbringen – einen Tag ist man unterwegs, um mit dem Klafferkessel eines der größten Naturwunder der an Seen reichen Schladminger Tauern zu erreichen. Die technisch einfachste Anmarschroute führt über die Preintalerhütte, wo man sich für die Schlussetappe stärken kann. Weiter über die Lämmerkare, noch mal 600 Höhenmeter bis zur Klafferscharte in 2.280 Metern Höhe. Ein paar Minuten, dann liegt einem eine urtümliche Landschaft zu Füßen. Zwei ineinander verschränkte Kare formen einen Kessel, in dem sich, auf mehrere Höhenstufen verteilt, gut zwei Dutzend kleinere Seen und Tümpel ausbreiten.

Die Gewässer schillern in allen Nuancen von Blau und »klaffen« aus der Gebirgsszenerie hervor. Hier ein tintenblauer Tropfen, so unergründlich, als würde er durch einen Trichter bis ins Innerste des Planeten führen. Dort ein »Seen-Auge« mit einer gründlichen Umrandung. Hinter dem nächsten Felsvorsprung grüßt eine Schmelzwasserlacke. Erst im Frühsommer gibt das Eis die letzten der Klafferkessel-Gewässer frei. Die schroffen Abbrüche von Waldhorn, Greifenstein und Greifenberg bilden eine grandiose Felsarena. Von oben erscheint es, als wandere man in einen erloschenen Vulkan hinab, den die Natur erst seit Kurzem wieder mit zartem Grün versehen hat. Am Boden der Felsarena sprießen vereinzelt Blumen, weiche Grasmatten und Moospolster laden zu einem ausgedehnten Picknick.

Der »Klaffer«, wie ihn die Einheimischen nennen, bietet eine atemberaubende Fernsicht bis zu den hellen Abbrüchen des Dachsteins im Norden. Wieder hinein in die Wanderschuhe und noch ein letzter Blick aus erhöhter Position über das Seen-Labyrinth. Im Sonnenlicht glitzert ein namenloser Tümpel wie Diamantenstaub. Wer das Naturschauspiel länger auskosten will, geht diese Tour mit einer Nächtigung auf der Preintalerhütte oder der Gollinghütte an.

Adresse Untertal, 8970 Schladming, Tel. +43/(0)3687/2277722 (TVB Schladming), www.wildewasser.at | **Anfahrt** B 320 nach Schladming, mit Wanderbus zum Seeleiten-Parkplatz / Gasthof Riesachfall ins Untertal, in circa 4 Stunden über Preintalerhütte zum Klafferkessel, retour auf Anmarschweg oder, technisch anspruchsvoller, über die Gollinghütte | **Öffnungszeiten** circa Juni – Mitte Okt., nur mit alpiner Erfahrung und bei gutem Wetter; bei Schneelage nicht begehbar | **Tipp** Lassen Sie sich Zeit an den Riesachfällen, einem der schönsten Wasserschauspiele in den Niederen Tauern.

85 Die Knappenhäuser

Fassaden, die Geschichten erzählen

Dass Geschichtsvermittlung nicht nur in Museen funktioniert, beweisen in der einstigen Bergbauhochburg Schladming zwei erhalten gebliebene Knappenhäuser aus dem 18. Jahrhundert mit ungewöhnlichem Fassadenschmuck. Silber und Blei, Kupfer und Nickel förderten die Knappen einst aus den Schladminger Tauern zutage. Dabei blieben auch Katastrophen nicht aus, erzählt eine Legende, die als Comic auf den Fensterläden des Blockhauses in der Ramsauerstraße 133 ausgeführt ist. Sie handelt von übermütigen Bergarbeitern, die auf einer Sauftour in der Stadt einem Stier bei lebendigem Leib die Haut abzogen und anderweitig wüteten. Das blieb an höherer Stelle nicht unbemerkt, ein Warner stieß noch ein »Es geht nit guat, es geht nit guat« hervor. Als die Knappen wieder in die Minen einfuhren, stürzten die Stützbalken ein, und der Stollen wurde zum Massengrab.

Auf der einen Seite der Fensterläden ist der Text zu lesen, gegenüber findet man die bildliche Darstellung des Geschehens. Wo einst Knappenfamilien lebten, sind heute Ferienwohnungen untergebracht. Das wiederum illustriert, dass der Tourismus längst die Oberhand hat.

Einige Hausnummern weiter zeigt das 1777 errichtete Stadlerhäusl alles an Werkzeugen, womit ein Holzknecht einst umzugehen wusste: Äxte, Sägen und Zangen in allen Größen prangen an der Fassade, dazu Schöpser zum Entrinden und Fußeisen zur Fortbewegung auf tückischem Terrain. Kaum ein Plätzchen ist zwischen den braunen Balken frei geblieben. Eine ganze Lebens- und Berufswelt ersteht vor dem geistigen Auge. Die Vorderfront rückt historische Skier in die Auslage, landwirtschaftliche Geräte komplettieren das Bild. Angebracht wurde der in dieser Dichte ungewöhnliche Hausschmuck von einer im Holzhandel tätigen Familie, um altes Wissen nicht in Vergessenheit geraten zu lassen und es Spaziergängern wie in einem Freilichtmuseum zu präsentieren.

Adresse Ramsauerstraße 133 und 137, 8970 Schladming | **Anfahrt** B 320 nach Schladming, vom Bahnhof in Richtung Zentrum, nach Brücke rechts in Dachsteingasse und gleich die rechte Abzweigung in die Ramsauerstraße | **Öffnungszeiten** von außen immer zu besichtigen, Stadlerhäusl-Führungen im Sommer nach Voranmeldung möglich (Tel. +43/(0)664/5310013) | **Tipp** Besuchen Sie das Stadtmuseum im historischen Bruderladenhaus (Talbachstraße 110, www.museum.schladming.at) und bummeln Sie durch die malerische Fußgängerzone der steirischen Sportmetropole.

86 Die Schwarze Sulm

Dunkle Magie des Wassers

Vielerorts gibt es den gewissen Unterschied zwischen Weiß und Schwarz: Sei es in der Pädagogik oder der Magie, die Karten sind klar verteilt – Weiß bedeutet gut und lehrreich, Schwarz deutet auf die dunkle Seite der Macht hin. Die Sulm ist das genaue Gegenteil dieser Lehrmeinung, denn hier übertrifft der »schwarze« Fluss den »weißen« um Längen und bietet sowohl Wanderern wie Tierbeobachtern die rare Gelegenheit, in eine paradiesische Wildnis und unberührte Auenlandschaft im Süden der Steiermark einzutauchen. Auf 17 Kilometern, dabei 1.000 Höhenmeter überwindend, schießt der Fluss in Kaskaden über Wasserfälle vorbei an mächtigen Felsblöcken durch tiefe Schluchten – gesäumt wird das eingeschattete Wasser von Eschen und Erlen, die sich in Auwäldern an die Felsen schmiegen. Besucher können den Flusslauf zu Fuß erkunden oder mit dem Kanu fahren. Abgeschiedenheit und Ruhe des Biotops lassen eine Fauna bestehen, die andernorts bereits ausgestorben ist. So kann man im klaren und kalten Wasser der Sulm Steinkrebse unter großen Steinen erspähen und Fischotter auf der Jagd beobachten. Ihren ungestörten Lebensraum finden hier seltene Vögel wie Wasseramsel und Gebirgsstelze, und in den zahlreichen Tümpeln des Flusses schwimmen Bachforellen und Koppen. Wer diese Vielfalt sieht und spürt, weiß, wozu die Natur ohne Zutun von Menschen imstande ist.

Doch der Energiehunger treibt eigenwillige Blüten: Obwohl nur mehr wenige Flussläufe ohne Kraftwerke existieren, sind Pläne im Umlauf, die Schwarze Sulm mittels solch einer Anlage zur Energiequelle umzufunktionieren. Hurtig haben sich die Bewohner des Tals zusammengeschlossen und gehen für die Bewahrung des Biotops auf die Barrikaden. Da Politiker vernunftbegabte Wesen sind, bleibt zu hoffen, dass sie dem Ansinnen des Wahlvolks Rechnung tragen, denn Strom ist eine Ware, die Schwarze Sulm hingegen ein Naturjuwel!

Adresse 8541 Schwanberg | Anfahrt von der A2 bei Lieboch abfahren und auf der B76 weiter zur Schwarzen Sulm direkt in Schwanberg | Öffnungszeiten jederzeit zu bewundern | Tipp Das Moorbad Schwanberg ist ein Klassiker unter den Heilbädern – hier spürt man die Heilwirkung des steirischen Bodens ganz besonders stark.

87_Die Seckauer Apokalypse

Keine Weltuntergangsstimmung

Als sich die katholische Kirche mit dem Zweiten Vatikanischen Konzil eine Öffnung gegenüber einer Welt im Umbruch verordnete, war eine Facette der Dialog mit der modernen Kunst. Dieser Schritt war im Benediktinerstift Seckau schon im Gang. Dort hatte Abt Benedikt Reetz den Kärntner Maler Herbert Boeckl im Jahr 1950 mit der Ausgestaltung einer Kapelle der Stiftskirche beauftragt. Heraus kam ein Freskenzyklus über die Apokalypse, der als eines der wichtigsten sakralen Kunstwerke des 20. Jahrhunderts in Europa gilt.

Den Schlüssel zur Engelkapelle erhält man im Klosterladen – dann sollte man sich Zeit lassen. Die Kapelle ist bis auf einen einfachen Altar leer. Zwischen realistischer Darstellung, Abstraktion und rätselhaften Symbolen schillert das Bildprogramm, mit dem Boeckl die dem Apostel Johannes zugeschriebene Offenbarung – beziehungsweise Apokalypse – auf die Wände bannte. Wesen, halb Mensch, halb Tier, blicken einem entgegen. Der Sensenmann auf einem Pferd, zwei weitere der vier apokalyptischen Reiter kommen in zeitgemäßer Kleidung daher; hier die sieben Siegel, das Lamm als Zeichen der Unschuld … Einige Motive erkennt man wieder – was wohl damit zu tun hat, dass kein anderer Text unsere Vorstellungen vom Ende der Welt stärker prägte als das prophetische letzte Buch des Neuen Testaments.

Für seine Seckauer Apokalypse nahm Boeckl Anleihen aus der minoischen oder der ägyptischen Kunst – als Reverenz an Entstehungszeit und kulturellen Hintergrund des Textes. Den Schlüssel zu Boeckls Alterswerk liefern die Christus-Darstellungen. An der Südwand ist ein jugendlich-lächelnder Auferstandener als Weltenrichter zu sehen, in der einen Hand die Sichel, in der anderen eine blaue Kugel, Symbol der Macht über den Kosmos. Sein Mienenspiel scheint eine Botschaft zu beinhalten, und auch die Farbgebung der Fresken wirkt lebensbejahend. Untergangsstimmung kommt in dem Raum nicht auf.

Adresse Abteikirche / Basilika, 8732 Seckau, Tel. +43/(0)3514/52340, www.abtei-seckau.at | Anfahrt S 36 bis Abfahrt Sankt Lorenzen beziehungsweise Knittelfeld-Ost, Ziel ausgeschildert, Parkplätze beim Stift | Öffnungszeiten Die Kirche ist tagsüber frei zugänglich, den Schlüssel zur Kapelle erhält man in der Buch- und Kunsthandlung gegenüber (ab 9 Uhr, Mittagspause 12 – 13.30 Uhr). | Tipp Besuchen Sie den Hofwirt vor der Abtei – kulinarisches Programm und barockes Innenleben des 2013 generalrenovierten Wirtshauses sind es wert.

88__Der Frauenberg

Alma Mater an der Sulm

Die Gleichberechtigung der Geschlechter ist ein integraler Bestandteil unserer Gesellschaft und hehres Gut hoch entwickelter Zivilisationen. Unweit von Leibnitz können Sie auf Spuren eines versunkenen weiblichen Kultes stoßen, die im Tempelmuseum auf dem Frauenberg gehütet werden und diesem Kraftplatz eine einzigartige Note geben.

Flavia Solva hieß die Römersiedlung im heutigen Leibnitz, und deren Bewohner pilgerten zu rituellen Handlungen auf diesen Hügel, dem schon in keltischer Zeit die mystische Dimension einer Erdquelle zugeschrieben wurde. Das Tempelmuseum erinnert an die wechselvolle Geschichte dieses Platzes, Herzstück der Anlage sind Grundmauern eines römischen Podiumtempels in den gewaltigen Dimensionen von 25 mal 12 Metern, früher hoch aufragend, in weißem Marmor glänzend. Geweiht war er der Göttin »Isis Noreia« – über eine mächtige Steintreppe und eine Vorhalle gelangte man in den Cellar-Raum, dessen halbrunde Apsis die Statue der Isis beheimatete.

Von diesem Monument ist leider kein Stäubchen übrig geblieben, doch im Museum kann man sehr wohl interessante Fundstücke des Frauenkultes betrachten. Die Göttin Venus ist ebenso vertreten wie das steinerne Abbild einer stillenden Göttin, und Fruchtbarkeitssymbole weisen auf den weiblichen Charakter der Kultstätte hin. Eine gut erhaltene Zisterne und geomantische Werkzeuge verstärken den Eindruck, dass besonders Mutter Erde hier über Jahrhunderte verehrt wurde. Wird zur ebenen Erde Fruchtbarkeit und Weltverbundenheit in Szene gesetzt, so ruhen im Kellergeschoss Relikte einer gewalttätigen Zeit: Aus Trümmern haben Archäologen das Gesims einer Kultstätte rekonstruiert, die vermutlich dem römisch-keltischen Kriegsgott Mars Latobius geweiht war. Wo dieser Tempel stand und welchem Zweck er diente, ist im Nebel der Zeit verschwunden … sei's drum, Krieg ist immer eine lebensverneinende Angelegenheit.

Adresse Frauenberg 17, 8430 Seggauberg, Tel. +43/(0)3452/86320, www.tempelmuseum-frauenberg.at | Anfahrt von der A 9 bei Leibnitz abfahren und die B 74 ins Sulmtal und nach Seggauberg nehmen | Öffnungszeiten Mai–Okt. Mo–Fr 10.30–15.30 Uhr, Sa, So 10–16 Uhr, sonst nach Voranmeldung | Tipp Am nächsten Hügel steht das mächtige Bischofschloss Seggau – in der »Römerstein-Galerie« sind Dutzende antike Denkmäler eingemauert.

89__Der Uhrturmschatten

Das gedoppelte Wahrzeichen

2003 wurde Graz zur Kulturhauptstadt Europas gekürt, zahlreiche Bauten wurden errichtet und Kunstprojekte umgesetzt. Sei es nun die Murinsel des Designers Vito Acconci oder das Kunsthaus von Peter Cook – diesen architektonischen Meilensteinen ist gemein, dass sie auch nach dem Kulturjahr in Graz verblieben. Doch ein aufsehenerregendes Monument auf dem Grazer Schlossberg bekam 2004 sozusagen Beine und wurde vom höchsten Punkt der Landeshauptstadt nach Seiersberg transferiert, um dort als rabenschwarzes Pendant des Uhrturms einen Platz in völlig neuer Umgebung zu finden.

Die 70 Tonnen schwere Stahlkonstruktion hatte am Schlossberg die Funktion, das eigentliche Bauwerk, je nach Betrachtungsort und Entfernung, zu doppeln oder zu ersetzen oder als schattenhafter Umriss wahrgenommen zu werden. Der Künstler Markus Wilfling wollte sozusagen den »Gegenstand hinter dem Gegenstand« figurieren und damit eine virtuelle Tiefe erzeugen, um die Wahrnehmung des Betrachters auf die Probe zu stellen. Nach dem Ende des Kulturjahres wurde das Schattengebilde nach Seiersberg »gebeamt« und stellt nun jeden Betrachter vor eine neue Aufgabe: Da der Kontext des »wahren« Uhrturms verschwunden ist, sollte man sich eine neue Bedeutung dieser Skulptur mit seiner Vorstellungskraft schaffen. Hier die gewachsene Stadt und der aus Napoleons Hand gerettete Turm, da die dunkle Chimäre in einer künstlichen Welt des urbanen Hedonismus.

Wer den Zwillingsbruder des Grazer Wahrzeichens von allen Seiten betrachtet und sich seine Gedanken über die Vergangenheit der Stadt gemacht hat, ist reif für einen Trip in Gegenwart und Zukunft des schönen Seiersberg. Rund um den Schatten breitet sich, einem modernen Eldorado gleich, das ultimative Einkaufszentrum aus. Betreten auf eigene Gefahr, denn es geht die Mär um, dass Menschen in den unendlichen Hallen und Gängen auf ewig verschollen sind!

Adresse 8055 Seiersberg bei Graz | **Anfahrt** A 2, Ausfahrt Seiersberg, zur Shoppingcity mit dem schwarzen Kunstwerk fahren | **Öffnungszeiten** jederzeit zu besichtigen | **Tipp** Das »alte« Seiersberg manifestiert sich durch einen Bildstock des heiligen Nepomuk an der Hauptstraße 13.

90__Der Red Bull Ring

Dornröschen, vom Motorenlärm aufgeweckt

Dröhnender Motorenlärm und Fahrzeuge, die mit 300 Kilometern pro Stunde an der Tribüne vorbeizischen, bestimmen das Bild von der Formel 1. Lässig, wenn man am Red Bull Ring einen ausführlichen Blick hinter die Kulissen werfen und darüber hinaus so ziemlich alles testen kann, was mit Beschleunigung zu tun hat. 2014 feierte der einstige Österreich-Ring in Spielberg nach Jahren im Dornröschenschlaf seine Auferstehung als Formel-1-Strecke. In der Rolle des Prinzen: der Red-Bull-Konzern des Steirers Didi Mateschitz, der die Rennstrecke auf der grünen Wiese mit Millionen-Investitionen wieder für die Königsklasse tauglich machte und in der Region eine beeindruckende Infrastruktur von Gastronomie bis Beherbergung anschieben half.

Von April bis September werden Motorfestspiele gefeiert. Mal glühen 1.200-PS-Lastwägen über die Strecke, dann entführen Nostalgie-Boliden beim Histo-Cup in eine Ära, als elektronische Fahrhilfen noch Science-Fiction waren. Und seit wieder WM-Motorradläufe ausgerichtet werden, strömen auch Abertausende Italiener in die Steiermark. Als Wahrzeichen thront eine 15 Meter hohe Stierskulptur aus 1.700 verschweißten Stahlplatten inmitten des Rings. Der hauseigene Fuhrpark beschert Benzinbrüdern Abenteuer auf Asphalt oder im Gelände, auf zwei oder vier Rädern. Sicherheits-Instruktion, dann wird losgebolzt mit einem Formel-Renault-Auto oder einem rassigen Rallye-Wagen. Auch auf dem Beifahrersitz eines Profis kann man eine Spritztour unternehmen. Die Ring-Tour gewährt Einblicke in allerheiligste Bereiche wie Race Control und VIP-Lounge, ein Selfie auf dem Siegerpodium geht sich auch noch aus. Das Familienprogramm spannt einen Bogen von der Fahrzeugschau legendärer PS-Monster bis zum Kart-Training für Kids und Teens. Und wer weiß, vielleicht steht dem einen oder anderen Jung-Piloten, der an der Carrera-Spielzeugbahn eine gute Figur macht, eine Karriere wie Sebastian Vettel bevor?

Adresse Red-Bull-Ring-Straße 1, 8724 Spielberg, Tel. +43/(0)3577/202, www.projekt-spielberg.at | **Anfahrt** S 36 Ausfahrt Zeltweg-Ost/Spielberg, Ziel bestens ausgeschildert | **Öffnungszeiten** Das Welcome Center ist täglich von 8–18 Uhr geöffnet, von hier starten geführte Touren (Renntage siehe Homepage). | **Tipp** Heben Sie endgültig ab – die Fluggeschichte des österreichischen Bundesheeres präsentiert das Militärluftfahrtmuseum im Hangar 8 (vier Kilometer südlich in Zeltweg, Mai–Mitte Okt., Di–So 9–18 Uhr, www.hgm.at).

91 Das Nittner-Denkmal

Flieger, zeig mir den Semmering!

Was für die Amerikaner die Gebrüder Wright und für die Deutschen Otto Lilienthal, ist für Österreichs Luftfahrt k.u.k.-Oberleutnant Eduard Nittner. Dem tollkühnen Piloten gelang am 3. Mai 1912 die erstmalige Überquerung des Semmerings mit einem Aeroplan – wie die Dinger damals hießen. Eine bahnbrechende Leistung, denn obwohl der Semmering mit 984 Metern zu den niedrigsten Alpenpässen zählt, hat doch das Fliegen in Österreich wesentlich damit zu tun, dass man über die allerorts aufragenden Berge kommt.

Ein Denkmal einige Meter auf der steirischen Seite der Passhöhe erzählt die Geschichte der Pioniertat. Aus dem hellen Stein herausgemeißelt: ein Modell der Etrich-Taube, so der Name des Fluggeräts, das Nittner am Flugfeld in Wiener Neustadt startete. Man ahnt, dass es sich um kaum mehr handelte als eine stoffbespannte Kiste aus Bambus und Holz. Doch obwohl der Propeller mitunter zu stottern begann, gelang das Husarenstück, und Nittner landete wohlbehalten in der steirischen Landeshauptstadt. »Es ließ sich alles prächtig an, nur die Orientierung war infolge des Dunstes kolossal schwierig, und droben litt ich an Kälte«, gab er einem Journalisten zu Protokoll, der unter dem Titel »Natürlich kolossale Sensation: Ein Aeroplan über Graz!« berichtete. Nittner war nur kurzer Ruhm beschieden, ein Jahr später kam er bei einem Flugzeugabsturz ums Leben. »Dem Ersten Kühnen Überflieger des Semmerings / Feldpilot Oberlieutenant Eduard Nittner / Seine Kameraden und Verehrer« ist als Widmung am Sockel des ziemlich massiv ausgefallenen Flieger-Denkmals festgehalten. Eine Etage darüber ein Relief des Piloten mit Fliegerkappe und -brille. Ein riesiger Adler aus Metall mit ausgebreiteten Flügeln krönt das Monument.

Damit dem Piloten der Etrich-Taube die echten Tauben nicht auf den Kopf machen, sind eventuelle Landeplätze mit Maschendraht eingehüllt.

Adresse an der L 118, Semmering-Passhöhe, 8684 Spital am Semmering | **Anfahrt** L 118 ab Spital am Semmering (nicht auf Schnellstraße bleiben!) und zur Semmering-Passhöhe, Ziel linker Hand beim Billa-Parkplatz | **Öffnungszeiten** ganzjährig frei zugänglich | **Tipp** Unternehmen Sie einen Bummel an der Passhöhe und spüren Sie dem Flair des alten Luftkurortes nach!

92_Die Villa

Versailles lässt grüßen

Die Autobahn Richtung Slowenien hat nicht viel Großartiges zu bieten, man jagt an Schallschutzwänden, Äckern und Wiesen vorbei dem Süden entgegen. Doch kurz vor Lebring kann das Gefühl eines Zeitsprungs ins Frankreich Ludwigs XIV. aufkommen, denn ein sagenumwobenes Gebäude direkt an der Straße vermittelt einen Hauch von Versailles. »Auf der grünen Wiese« ist hier keine Übertreibung, zwischen Bauernhöfen und einem Wäldchen schmiegt sich ein Schlösschen an einen generalstabsmäßig geplanten Park – der Zaungast erwartet augenblicklich den Hausherrn mit Lockenperücke und Gehrock auf der Terrasse. Doch die Besitzer haben zurückhaltenden Charakter, und das Haus wirkt ein wenig verwaist. Eigentlich schade, denn wer kann schon von sich behaupten, ein Wahrzeichen sein Eigen zu nennen? Mythen ranken sich um das Innenleben, Gerüchte besagen, dass einzelne Räume nach einem Motto ausgestattet sind und der Tee im »Chinesischen Zimmer« eingenommen werden kann.

An dieser Stelle eine kleine Anregung: Versailles ist ein Touristenmagnet, und durch die Zimmerfluchten und Gärten wuseln unablässig Besucher – warum nicht dieses Kleinod aus dem Dornröschenschlaf wecken und einem staunenden Publikum zugänglich machen? Millionen von Menschen rätseln im Vorbeifahren, was es mit diesem gelben Prachtbau auf sich hat – wenn nur jeder Hundertste zu einer Besichtigung vorbeikäme, wäre die Geldschatulle des Besitzers bald prall gefüllt mit glänzenden Louis d'ors! Diese würden wahrscheinlich sofort in den Park wandern, denn die Anlage aus Pflanzen, Kieswegen und Hecken inklusive Labyrinth ist einzigartig in der Steiermark. Wer grüne Architektur derartig auslebt, benötigt neben Pflanzenliebe und Kondition auch einen Blick für das Große und Ganze: Vermutlich geht der Besitzer mit einem Bindfaden zum Hegen und Pflegen, um dem etwaigen Minotaurus von Lebring zu entkommen.

Adresse 8403 Lang bei Stangersdorf | **Anfahrt** von der A 2 bei Lebring abfahren und weiter an der Autobahn entlang durch die Unterführung nach Stangersdorf fahren, Ziel nicht zu übersehen | **Öffnungszeiten** von außen jederzeit zu betrachten | **Tipp** Der Nachbarort Kehlsdorf ist ein Eldorado für Steak-Liebhaber – hier wird Rindfleisch höchster Qualität direkt vermarktet.

93__Das Weingut Neumeister

Jedes Jahr ein großer Wurf

»Moarfeitl« ist kein Synonym für ein aus dem Sumpf gezogenes Messer, sondern die älteste und beste Lage des Weingutes Neumeister. Von Wald und Wasser geprägt, bildet es ein Kleinklima, alle Weinstöcke tragen kleine Beeren, die Mineralien und Geschmäcker des Bodens aufnehmen und aus denen ein geradezu »strahlender« Wein gekeltert wird.

Als viele Weinbauern noch darauf erpicht waren, jedes Jahr den gleichen Geschmack zu erzielen, ließ Großvater Neumeister den Dingen bereits seinen Lauf – sein Wein sollte individuell und überraschend schmecken. Sohn Albert führte diesen Weg konsequent fort und katapultierte sein Weingut an die Spitze steirischer Qualität. Hier werden auf klein strukturierten Weingärten rund um Straden Welschriesling, Sauvignon Blanc, Gelber Muskateller und andere feine Tröpfchen ausgebaut. Durch ältere Stöcke und den idealen Boden gelingt es sogar, Weißweine mit hoher Lagerfähigkeit zu erzeugen – Sancerre und Chablis lassen grüßen! Naturnahe Bewirtschaftung und selektive Handlese sind Markenzeichen der Neumeisters: In dritter Generation ist Enkel Christoph am Werk, der mit gleicher Akribie die Trauben erntet und keltert.

Die Präsentationsräume allein sind einen Ausflug wert – eine in den Hang gebaute Kelleranlage mit elegant designtem Entree lädt Besucher ein, nicht nur mit dem Gaumen, sondern auch mit den Augen zu genießen. Der Familie gelingt mit unnachahmlichen Weinen jedes Jahr ein großer Wurf, aber um die Genussfülle abzurunden, wurde mit dem Restaurant und Schlafgut »Saziani Stubn« ein Hort höchster Qualität geschaffen. Als Buschenschank konzipiert, war beim Ehrgeiz von Vater Albert der Weg zum Spitzenrestaurant vorgezeichnet. Heute zaubert das junge Kochgenie Harald Irka Speisen auf Drei-Hauben-Niveau, auf Tellern und in Gläsern bekommt der Gast die Neumeister'sche Philosophie serviert: nicht am Gipfel ausruhen, sondern den nächsthöheren erklimmen.

Adresse Wieden-Klausen 17, 8345 Straden, Tel. +43/(0)3473/82490, www.neumeister.cc | Anfahrt A 9, Abfahrt Gersdorf, B 69 bis Wieden-Klausen, Weingut ausgeschildert | Öffnungszeiten Mo – Sa 11 – 18 Uhr, beim Restaurant Reservierung empfohlen | Tipp Im »Klangwald« in Straden können Sie mit quer hängenden Baumstämmen und Blechplatten Musik machen – Bewegung tut nach ausgiebigem Essen und Trinken bekanntlich gut!

94 Das Freilichtmuseum

Die Welt von gestern

Tempus fugit … die Zeit verrinnt schnell und lässt ganze Kulturen in der Vergangenheit verblassen. Um Wissenswertes über alte Zeiten und Gebräuche zu erfahren, muss man in Büchern oder heutzutage im Netz nachschauen, denn die Moderne hat viele Zeugen der Welt von gestern ausgelöscht. In Stübing bei Graz gehen die Uhren allerdings anders, denn hier warten in einem einzigartigen Ensemble 90 historische bäuerliche Bauten aus ganz Österreich auf den Besucher. Dieses aus Stein und Holz geformte Kompendium spannt den Bogen von einer Alpwirtschaft im Bregenzer Wald bis hin zu einem burgenländischen Dörfchen mit schweren Dächern aus dichtem Stroh. Apropos Stroh … Studenten der Technischen Universität Graz haben auf dem Gelände den Prototypen eines Strohballenhauses gebaut. Dieser »Strohboid« wirkt archaisch und ist zugleich hochmodern – vielleicht das Wohnen der Zukunft? Ständig finden Veranstaltungen, Workshops und Kurse statt, um das bäuerliche Leben in allen Facetten zu zeigen. Beispiele gefällig? Man kann lernen, wie man Brot oder einen Weihnachtsstriezel bäckt, einen Korb flechtet, Seifen siedet und sich den eigenen Haussegen schnitzt – das klingt komplizierter, als es ist, denn Sie werden von kundiger Hand in die Kunst des Holzschnitzens eingeweiht.

Wer das Freilichtmuseum verlässt, macht quasi einen Schritt zwischen zwei Dimensionen. Das Faszinierende an dieser »Welt von gestern« sind Authentizität und Geschlossenheit des Areals. Hier wird Vergangenheit als nichts Fremdes präsentiert, sondern als Teil unserer Herkunft – schon morgen wird die Hightech-Gesellschaft Geschichte sein und durch etwas ersetzt werden, das wir heute nur erahnen können. Vielleicht werden unsere Nachfahren staunend an Computern, verdichteten Flachbauten und benzingetriebenen Fahrzeugen vorbeigehen und sich denken … was es so alles gab in der guten alten Zeit!

Adresse Enzenbach 32, 8114 Stübing, Tel. +43/(0)3124/53700, www.freilichtmuseum.at | **Anfahrt** A 9, Ausfahrt Gratkorn-Nord, nach Stübing fahren, Freilichtmuseum gut ausgeschildert | **Öffnungszeiten** März–Okt. täglich 9–17 Uhr | **Tipp** Beim Kesselfall in Semriach stürzen tosende Wassermassen zu Tal – der Besucher kann dieses Naturschauspiel von einer Brücke aus bewundern.

95__Die Ernst-Fuchs-Kirche

Aliens bitte anschnallen

Der Malerfürst Ernst Fuchs ist der berühmteste Vertreter des phantastischen Realismus – seine Bilder sind wahre Füllhörner von Farben, Formen und inneren Bildern. Sein Œuvre ist gewaltig, denn der stets mit bunt ornamentiertem Käppi »behütete« Künstler arbeitete fast 70 Jahre lang unermüdlich und in verschiedenen Disziplinen. Seine Ölbilder und Grafiken hängen in vielen bedeutenden Museen dieser Welt, doch in Thal bei Graz hat der Meister ein Gesamtkunstwerk von biblischen Dimensionen hinterlassen. Seine Kirche liegt am Jakobsweg, hat die Form einer geöffneten Jakobsmuschel und soll nicht weniger als das Paradies darstellen! Hier fließt vieles zusammen, das an die Frühzeit christlichen Glaubens erinnert: Der gläserne Altar hat alttestamentarische Wucht und Dimension, der raue Steinboden soll die Unabwägbarkeiten des menschlichen Schicksals abbilden, und die Kirchenbänke muten in ihrer sanften Form wie die Wellen des Sees Genezareth an. Das Gesamtkonzept ist überall spürbar und reicht von wie Widderhörner geformten Türgriffen über die zeltartige Dachkonstruktion bis hin zu Altarbildern, die mit ihrer hypnotischen Farb- und Formensprache jeden Menschen in ihren Bann ziehen. Selbst für Agnostiker hat der große Meister ein Hintertürchen offen gelassen – wer mit Paradies und Erlösung nichts am Hut hat, kann sich hier in das Innere eines Raumschiffs träumen, denn das Interieur würde jedem Alienfilm zur Ehre gereichen.

Einmal nannte ein Besucher aus dem fernen Asien das Gebäude spontan »die verrückte Kirche« … dieser Bemerkung ist durchaus etwas abzugewinnen, doch bekanntlich sind Geschmäcker verschieden. Wem also der Sinn nach weniger Üppigkeit steht, der ist in der Altkirche besser aufgehoben. Die Grundmauern gehen auf eine Kapelle des 14. Jahrhunderts zurück, der Hochaltar ist ein Meisterwerk der Neorenaissance – also Schlichtheit und Prunk Tür an Tür.

Adresse Kirchberg 1, 8051 Thal bei Graz, Tel. +43/(0)316/5722260 | Anfahrt auf der B 67 nach Thal bei Graz und weiter zur Kirche fahren | Öffnungszeiten tagsüber zu besichtigen | Tipp Der Thalersee ist ein romantisches Gewässer, hier hat vor langer Zeit Arnie seiner Maria Shriver einen Heiratsantrag gemacht!

96 Das Schwarzenegger-Museum

Wie Märchen wahr werden

Thal ist ein beschauliches Örtchen mit gestutzten Vorgärten und ein sanfthügeliger Gegenpol zum nahen, pulsierenden Graz. Doch in der Linakstraße kündet ein Gebirge vom Duft der großen weiten Welt, ein Muskelgebirge aus Stahl, eine Statue des bekanntesten Steirers aller Zeiten: Arnold Schwarzenegger, der Titan von Hollywood. In seinem Geburtshaus befindet sich das Museum für den Mann, der in den 1960er Jahren den American Dream in die Tat umsetzte, zu einer Zeit, als man hierzulande die USA nur als Projektionsfläche für »Tellerwäscher-wird-zum-Millionär«-Storys kannte.

Damit der eher schmächtige Körper mit seinem unbändigen Ehrgeiz mithalten konnte, bastelte sich Klein Arnold Trainingsgeräte, die heute vorsintflutlich anmuten und trotzdem den Grundstein für zahlreiche Mister-Universum- und Mister-Olympia-Titel legten. Die spartanischen Zimmer seiner Kindheit bilden den pointierten Kontrapunkt zu den anderen Stationen seiner Karriere, die mittels Filmrequisiten und Leihgaben des späteren Terminators und Gouverneurs im ersten Stock präsentiert werden. Wer seine Blockbuster kennt und sich an Schwarzenegger an der Seite der amerikanischen Polit-Elite erinnert, kann in Thal in diese ferne und fast unwirkliche Welt eintauchen. Hollywood hätte die Geschichte eines Burschen, der in der steirischen Provinz von der großen Karriere in Amerika träumt und später wirklich alle seine Ziele erreicht, nicht besser inszenieren können – hier sind die Wurzeln hautnah zu spüren.

»The Governator« hat das Museum persönlich eröffnet, und bei seiner Rede konnte man erahnen, wie nah ihm die einstige Heimat nach wie vor ist. Wer weiß, vielleicht zieht es ihn auf seine alten Tage zurück ins lauschige Thal – sollte er durch weiße Haare und Falten den Jahren Tribut zollen, so wird es wohl immer ein Alleinstellungsmerkmal geben … die gewaltigen Ärmel im T-Shirt der »Steirischen Eiche«.

Adresse Linakstraße 9, 8051 Thal bei Graz, Tel. +43/(0)316/571947, office@arnieslife.eu | **Anfahrt** auf der B 67 nach Thal und weiter in die Linakstraße fahren | **Öffnungszeiten** Sommer täglich 10–17 Uhr, Winter Mi–So 10–16 Uhr | **Tipp** Thal ist eine Station des Jakobswegs – zwecks Konditionsaufbau könnten Sie gleich in Richtung Santiago de Compostela weitermarschieren.

97_Die Franziskus-Skulptur

Futter gegen Frieden

Als am 11. September 2001 Flugzeuge in die New Yorker Twin Towers einschlugen, war die Welt geschockt ob solcher Gewalt. Im steirischen Tieschen setzten die Brüder des Franziskanerklosters 2007 ein besonderes Zeichen für friedliches Zusammenleben und beauftragten den Bolivianer Fernando Crespo mit der Errichtung einer Metallskulptur. Dieser Künstler stammt aus der Partnerregion Independencia, und mit seiner Arbeit wurde ganz bewusst auf die weltumspannende Dimension dieses Kunstprojekts verwiesen.

Die neun Meter hohe Statue stellt Franziskus mit einem Wolf dar, aus vier Tonnen Altmetall geschmiedet, friedlich vereint und nicht als »natürliche« Feinde. Der Legende nach hatte der gefräßige Räuber Schafe gerissen und sollte getötet werden. Doch Franziskus suchte und fand den Wolf, der diesem furchtlosen Mann Respekt zollte und, statt ihn zu fressen, auf seine mahnenden Worte hörte: Wenn er so weitermache, würde es für alle Beteiligten fatal enden; besser wäre ein Deal mit den Dorfbewohnern – Futter gegen Frieden. Die Übereinkunft wurde geschlossen, und fortan lebte der Wolf Seite an Seite mit den Dörflern. Er ließ die Schafe in Ruhe und bekam täglich drei warme Mahlzeiten … ob der Fleischliebhaber zum Vegetarismus konvertierte, ist nicht überliefert.

Das mächtige Abbild in Tieschen ist trotz seiner Dimension leicht und durchlässig anzusehen, die Figuren sind aus Draht geformt und mit Platten ummantelt. Armenpriester, sanfter Wolf und Kloster im Hintergrund – besser kann Friede nicht dargestellt werden. Die Welt ist seit 2001 nicht wirklich ruhiger geworden, und so manchem rabiaten Weltretter könnte ein Ausflug zu Franziskus mit dem Wolf nicht schaden. Anschauen, auf's Metall klopfen, innehalten – denn alle Menschen sind Bewohner eines Planeten und sollten miteinander auskommen, sonst geht es ihnen wie den Opfern des gefräßigen Wolfs.

Adresse Tieschen 13, 8355 Tieschen | **Anfahrt** A 9, Abfahrt Gersdorf, auf der B 69 bis Tieschen fahren, Skulptur nicht zu übersehen | **Öffnungszeiten** jederzeit zu besichtigen | **Tipp** Gleich hinter der Metallstatue kann man in einem keltischen Baumkreis sein Sternzeichen aus Holz kennenlernen.

98 Der Friedenshain

Endlichkeit und Ewigkeit

Wer ist nicht glücklich über die Fortschritte der heutigen Medizin? Doch wer verschwendet schon einen Gedanken daran, warum Ärzte die menschliche Physis kennen und Krankheiten heilen, die noch vor Kurzem den sicheren Tod bedeutet hätten? Medizin ist wie jede Wissenschaft auf Erkenntnis gebaut, und den anatomischen Instituten ist großer Dank geschuldet, da sie durch zahllose Studien jeden Winkel des Körpers erforschen und erklären.

Doch ebenso bedarf es Menschen, die bereit sind, ihre sterbliche Hülle diesen Wissenschaftlern zu überlassen und erst über einen »Umweg« zur ewigen Ruhe zu gelangen. Diese finden sie in der Steiermark an einem besonders schönen Platz: Der Waldfriedhof Tobelbad ist eine wahre Idylle. Neben dem Eingang zum neu gestalteten Areal steht eine Gedenktafel, die an die anonymen Spender der Heilkunst erinnert.

Der Friedenshain ist eine mit Grabsteinen verzierte Wiese, die an das nahe Wäldchen grenzt. Jedes dieser schlichten Mahnmale gedenkt eines Jahres, in dem an die 150 Urnen bestattet wurden, ein aufgeschlagenes Marmorbuch lässt den Besucher mit Worten Johann Wolfgang von Goethes über Endlichkeit und Ewigkeit nachdenken. Ebenso gibt es im Anatomischen Institut von Graz, das diesen Hain verwaltet, ein Ehrenbuch, in dem jedem Verstorbenen ein Blatt gewidmet ist.

Am Waldfriedhof selbst werden zweimal im Jahr Gedenkgottesdienste abgehalten, und an Allerheiligen legen Mitglieder des Institutes Kränze nieder. Wer hier seine letzte Ruhestätte findet, kann sich zu Lebzeiten eingedenk sein, dass er der Wissenschaft einen großen Dienst erweist. Wie heißt es so schön auf der Gedenktafel? »Ihr Tod trägt die Würde, fremdem Leben selbstlose Hilfe zu sein«. Jeder Einzelne von uns kann sich der Humanmedizin zur Verfügung stellen – so verschieden die Beweggründe sein mögen, so sicher ist der Dank der Mitmenschen … bis über den Tod hinaus.

Adresse 8144 Haselsdorf-Tobelbad, Ecke Haseldorfer Straße, Karl-Hohl-Straße | **Anfahrt** A 2, Ausfahrt Unterpremstätten, der Tobelbader Straße bis zur Karl-Hohl-Straße folgen | **Öffnungszeiten** tagsüber zu besichtigen | **Tipp** Am Alpaka-Hof in Tobelbad (office@alpakahof-tobelbad.at) fühlt man sich wie im fernen Peru – das Fell der herzigen Viecherl wird vor Ort geschoren und zu wärmender Kleidung verarbeitet.

99__Der Grüne See

Ein »alpines Atlantis«

Es kommt nicht oft vor, dass abseits der »steirischen Eiche« Arnold Schwarzenegger in Hollywood jemand Werbung für die Steiermark macht. Doch als vor einigen Jahren Ashton Kutcher auf seiner Facebook-Seite einen Link zu einer Website teilte, auf der spektakuläre Unterwasserfotos vom Grünen See zu sehen waren, geriet das Gewässer auch in den Fokus internationaler Medien von National Geographic bis ZEIT. »Real life Atlantis«, schwärmte der aus der Serie »Two and a Half Men« bekannte Schauspieler über das Naturspektakel, das sich im späten Frühling im Süden des Hochschwabmassivs entfaltet.

Das Schmelzwasser aus den umliegenden Bergen verschwindet zunächst im Karst, bevor es nach einem wochenlangen Filterungsprozess mit aller Kraft zurück ans Sonnenlicht sprudelt und den Pegel des Sees um bis zu zehn Meter anschwellen lässt. Die Fluten umspülen Wurzelwerk, bedecken Wiesen und lassen Wege sowie Bänke verschwinden. Die spektakulärsten Fotomotive ergeben sich durch die Taucherbrille. Weil der Blick im klaren Wasser über Dutzende Meter reicht, präsentiert sich den Spaziergängern im Neoprenanzug ein versunkenes Mini-Atlantis – präsentierte, um genau zu sein. Denn die Wassersportler strömten zuletzt so zahlreich ins Tragößer Tal, dass die Behörden 2016 ein allgemeines Tauchverbot verhängten. Grund war die Befürchtung, dass der Weiher durch die Flossen-Aufwirbelungen am Boden letztlich seine Leuchtkraft einbüßen könnte.

Der Talschluss mit seinen schroffen Felsen und seinem Spiegel aus flüssigem Grün lässt auch Spaziergänger die Luft anhalten. Bäume spiegeln sich im Wasser, hier umspült es smaragdfarben einen Felsbrocken. Selbst an einem regnerischen Tag ist die Farbintensität gigantisch. Vom spontanen Abtauchen ist bei maximal zehn Grad Wassertemperatur übrigens abzuraten. Und im Spätsommer neigt sich das Schauspiel dem Ende zu – auf ein Neues im nächsten Jahr!

Adresse Oberort, 8612 Tragöß, Tel. +43/(0)3868/8330 (Tourismusverband), www.tragoess-gruenersee.at | **Anfahrt** S 6 beziehungsweise S 35, in Bruck an der Mur abfahren, über B 116 und L 111 nach Tragöß, Ziel ausgeschildert, vom Parkplatz am Talende 15 Minuten zu Fuß | **Öffnungszeiten** Der See ist ganzjährig zu besuchen, am eindrücklichsten ist das Naturschauspiel etwa von Mai bis Juli nach der Schneeschmelze. | **Tipp** Ein weiteres Naturwunder – die Marienklamm – erschließt eine halbstündige Wanderung ab dem Gasthaus zur Post in Tragöß.

100_Die Alban-Berg-Villa

Musikrevolution am Berg

»Depersonalisation« ist ein wahrer Zungenbrecher und eine ungute Krankheit zugleich; Betroffene fühlen sich selbst entfremdet und neigen zu irrationalen Handlungen. Johann Christian Woyzeck litt an dieser Störung, beging einen Mord und wurde 1824 hingerichtet – seine traurige Geschichte inspirierte Georg Büchner und später Alban Berg zu ihren Werken über innere Isolation.

Man könnte meinen, dass Berg den »Wozzeck« im stillen Kämmerchen bei Wasser und Brot geschrieben und komponiert hat, doch das genaue Gegenteil ist der Fall. Hoch oben im luftigen Trahütten, umgeben von Bergen, Wäldern und Wiesen, auf der Terrasse einer herrschaftlichen Villa, setzte der Meister die Töne und goss diesen Meilenstein der Zwölftonmusik in seine revolutionäre Form. Das Anwesen war Eigentum der Schwiegereltern, und seine Frau Helene Nahovsky drängte den asthmakranken Komponisten oft zu Sommerfrischen in die Berge. Der Arnold-Schönberg-Schüler genoss das herrschaftliche Ambiente, die Villa war von Franz Kalchberg um 1840 für die Familie Liechtenstein erbaut und später von den Nahovskys erworben worden. Stilistisch ebenso im Salzkammergut vorstellbar, besticht dieses Gebäude durch ein Stein-Holz-Ensemble in Weiß und Grün, in den Garten geschmiegt und von Bäumen umschattet. Welches gewaltige Genie hier werkelte, ist klar zu erkennen – wer trotz solcher Harmonie den »Wozzeck« gebiert, muss wahrlich über gewaltige Phantasie verfügen.

»Der Wein« war das zweite große Stück, welches Alban Berg in Trahütten vollendete. Charles Baudelaire hatte die Verse über Seele, Liebe und Einsamkeit gedichtet, und daraus entstand ein Stück für Sopran und Orchester. Man munkelt, Berg hätte seine Inspiration nicht nur aus Büchern, sondern auch von den Rebstöcken der Steiermark geholt – verständlich, denn bei diesen inneren Tonkaskaden braucht man ab und an ein Achterl, um der schnöden Welt zu entfliehen!

Adresse Alban-Berg-Weg 1, 8530 Trahütten | **Anfahrt** über die B 76 nach Deutschlandsberg und dann auf der L 619 nach Trahütten und zum Alban-Berg-Weg fahren | **Öffnungszeiten** tagsüber von außen zu betrachten | **Tipp** Trahütten ist ein Hort der Ruhe mit Naturdenkmälern und phänomenaler Weitsicht – hier lässt es sich trefflich verweilen.

101_Das Steirereck

Feine Küche und Auszeit

Strukturschwachen Regionen mit einem unverwechselbaren Angebot neues Leben einzuimpfen, das hat sich nicht nur am Red Bull Ring als Erfolgsgeschichte entpuppt, sondern auch am Pogusch. An dem Passübergang hat die Familie Reitbauer, die in Wien mit dem »Steirereck« Österreichs Schlemmerlokal Nummer eins betreibt, ein Wirtshaus aus dem Jahr 1616 in einen Hort steirischer Gastlichkeit verwandelt – und seit gut 20 Jahren brummt der Laden.

Das Ur-Gasthaus flankieren alte Gebäude, die in der Umgebung abgetragen wurden und am Pogusch ein neues Leben begannen. Vorwitzige Ziegen stecken ihre Köpfe durch die Zäune, auf den Wiesen blühen die Obstbäume. Von A wie Almochsensulz bis Z wie Zwerghenderl reicht die Palette der Genüsse. Auf den Teller kommt vorwiegend Fleisch von Tieren, die rund ums Haus ein glückliches Leben hatten. Biobauern und Produzenten aus der Umgebung liefern weitere Grundprodukte, die auf Hauben-Niveau veredelt im steirischen Steirereck-Ableger den Weg in die hungrigen Mägen finden – von Fischen aus dem Turnauer Teich bis zum Sulmtaler Kapaun. Mit Klachlsuppe oder Fedelkoch kommen auch traditionelle Rezepte zu Ehren. Sonntagabend kann man sich beim günstigen »Restlessen« kulinarisch überraschen lassen.

Man speist in gehobener Landhaus-Atmosphäre, und obwohl die Frequenz von Sportwagen und Prominenz hoch ist, sind die Preise nicht abgehoben. Wenn es schnell gehen muss oder der Hunger so groß ist wie das Portemonnaie dick, kann man sich per Hubschrauber – auch als Zwischenstopp bei einem Sightseeing-Flug – ins kulinarische Glück befördern lassen. Hockenbleibern und Genießern geht nichts ab – sie sind etwa im »Heu-&-Stroh-Zimmer«, der »Jagdhütte« oder einem auf Stelzen ruhenden »Deluxe-Vogelhaus« bestens aufgehoben. Egal, ob Specht, Uhu, Kuckuck oder Gimpel – der Blick über Wiesen und Wälder hat etwas ungemein Entspannendes, besonders wenn im Tal der Nebel hockt.

Adresse Pogusch 21, 8625 Turnau, Tel. +43/(0)3863/2000, www.steirereck-pogusch.at | Anfahrt S 6, bei Allerheiligen Richtung Mürzhofen fahren, über L 123 zum gut ausgeschilderten Ziel; von Norden über die B 20, in Au bei Turnau auf die L 123 nach Süden | Öffnungszeiten Do–So Küche ab 11.30 Uhr, Reservierung empfohlen | Tipp Auf der gegenüberliegenden Straßenseite startet mit dem Bründlweg eine elf Kilometer lange Runde über sieben Höfe am Pogusch, die auch barfuß begangen werden kann.

102 Die Zirbenwälder

Wellness für Auge und Nase

Für einen murmeltierartigen Schlaf gibt's nichts Besseres als ein Säckchen mit Zirbenholzspänen unter dem Kopfpolster, und wer eine Zirbenholzstube bewohnt, kommt nach der Arbeit schneller in den Relax-Modus. Wahre Wunderdinge weiß die alpine Volksmedizin schon seit Langem über die Zirbe zu berichten. Wellness für die Augen und die Nase – das ist auf der Turracher Höhe an der Grenze zu Kärnten jedenfalls nicht zu viel versprochen. Ihre ausgedehnten Zirbenwälder zählen zu den prachtvollsten in Mitteleuropa und können auf einer erweiterten Drei-Seen-Runde erkundet werden.

Rund um die Passhöhe in 1.795 Metern Höhe halten sich Fichten, Lärchen und Zirben noch die Waage. Weiter oben, am Drei-Seen-Weg, drängt sich »pinus cembra« in die erste Reihe und bleibt schließlich als Einzige übrig. Hier hält ein Turracher »Charakterbaum« einen Felsblock im Würgegriff, dort klammert sich eine vom Blitz gespaltene Zirbe ans Leben. Als alpine Überlebenskünstlerin steckt der Baum aus der Familie der Kieferngewächse Temperaturen von bis zu minus 50 Grad Celsius weg. Beeindruckend auch die Survival Skills eines Schößlings, der sich am Gipfel des Schoberriegels ans Licht gekämpft hat.

Mit 250 bis 300 Jahren erreicht die Zirbe ihren Zenit, so informiert eine Schautafel. Wo Harz fließt oder ein Zirbenhäher einen Zirbenzapfen genüsslich entkernt und fallen gelassen hat, verströmt Pinosylvin sein unverwechselbares Aroma. Dieser Duft- und Inhaltsstoff ist es, der die Wellness- und Genussmittelindustrie in den vergangenen Jahren auf den Plan gerufen hat. Ob Zirbenseife, Zirbenessig, Zirbenpesto und Massagestäbe aus Zirbenholz tatsächlich einen Mehrwert für das Wohlbefinden entfalten, darf dahingestellt bleiben. In der Jausenstation hat die Zirbe dann einen abschließenden Auftritt: In Form eines Zirbenschnapses wird noch mal ein wahres Hochamt auf den zähesten Baum der Alpen gefeiert.

Adresse Turracher Höhe, Drei-Seen-Rundweg, 8864 Predlitz-Turrach, Tel. +43/(0)4275/8392 (TVB Turracherhöhe), turracherhoehe.at | **Anfahrt** auf der B 97 nach Predlitz, auf die B 95 zur Turracher Höhe abbiegen, parken am Nordufer des Turrachersees an der Straße oder am Wildkopflift, Drei-Seen-Runde aus-geschildert | **Öffnungszeiten** Der Wanderweg ist bei schneefreier Lage begehbar (etwa Ende Mai–Okt.). | **Tipp** Statten Sie den beeindruckenden Riesenedelsteinen der »alpin+art+gallery Kranzelbinder« einen Besuch ab.

103_Der Skulpturenpark

Erde zum Anhalten

Viele Menschen träumen davon, die Welt buchstäblich am Schopf zu packen; man kann sich den langen steinigen Weg zum Präsidenten oder Milliardär sparen und in Unterpremstätten Hand anlegen. Hier im Skulpturenpark steht eine Plastik von Peter Weibel, »Die Erdkugel als Koffer« genannt und durch einen überdimensionierten, in den Erdboden geschraubten Haltegriff umgesetzt – als Paradigma der Verbindung von Erde und Mensch.

Im Jahr 2000 stampfte der Landschaftsarchitekt Dieter Kienast ein Areal für die internationale Gartenschau aus dem Boden, das drei Jahre später zu einem Skulpturenpark umgestaltet wurde. Vom Universalmuseum Joanneum betrieben, gehen hier Natur und Plastiken eine wunderbare Allianz ein: Nicht umgeben von hohen Museumsmauern, fallen Hemmschwellen weg, diese Kunstwerke können in einem natürlichen, wechselvollen Kontext betrachtet werden. Jahreszeiten und Witterung bieten jeden Tag neue Betrachtungsweisen der über 60 vielschichtigen Skulpturen, die sonnenüberflutet oder schneebedeckt die Landschaft prägen. Es findet sich ein breites Spektrum in diesem Park, Altmeister der Zunft wie Fritz Wotruba, Bruno Gironcoli oder Heinz Leinfellner sind mit ihren Plastiken ebenso vertreten wie Othmar Krenn, Michael Kienzer und Oswald Oberhuber. Yoko Ono steuerte eine eigenwillige Darstellung des Berges Golgatha bei, und Nancy Rubins »Airplane Parts and Hills« bilden einen zentralen Punkt inmitten der Anlage. Hier werden große Geschichten erzählt vom Wesen der Menschheit, dem Entstehen und Untergehen der Maschinen und der Kraft von Natur und Urgewalten.

Man spürt das Wesen der Gesamtkonzeption im ausgewogenen landschaftlichen Design: Hier können Besucher in die Welt der darstellenden Kunst eintauchen, ohne Zwang und Druck – ein Spaziergang inmitten der Skulpturen soll keine kulturelle Pflichtübung sein, sondern den Abstand zwischen Mensch und Werk verkürzen.

Adresse Thalerhofstraße 85, 8141 Unterpremstätten, Tel. +43/(0)316/80179704, skulpturenpark@museum-joanneum.at, www.skulpturenpark.at | **Anfahrt** A 9, Abfahrt Schachenwald, weiter nach Unterpremstätten zum Skulpturenpark fahren | **Öffnungszeiten** April – Okt. täglich 10 – 18 Uhr, Juli, Aug. 10 – 20 Uhr | **Tipp** Im Sommer bieten sich die nahe gelegenen Schotterteiche zur Abkühlung an – sinnigerweise »Schott d'Azur« genannt.

104_Der Literaturpfad

Ulrich von Liechtenstein – Der rockende Ritter

Ein Ritter, der sich die Lippen operieren lässt, um seiner Angebeteten zu imponieren, der vor lauter Schmachten nach der Dame des Herzens ihr Handwaschwasser schlürft und der als Frau Venus verkleidet auf Turnierfahrt durch Europa geht – heute wäre das Stoff für eine trashige Reality-Show und der Hauptdarsteller ein Fall zum Fremdschämen. Der Mann, dem nichts zu peinlich war, um die Gunst einer Frau zu erringen, lebte von 1200 bis 1275, hieß Ulrich von Liechtenstein und war eigentlich ein adeliger Burgherr und untadeliger Landesbeamter. Doch wehe, wenn er zum Minnesänger wurde!

Der poetischen Seite des Ritters widmet sich der Ulrich-von-Liechtenstein-Pfad in der Marktgemeinde Unzmarkt-Frauenburg. Die Frauenburg, heute eine frei zugängliche Ruine über dem beschaulichen Ort, war einst Ulrichs Lieblingsburg. Hier entstanden seine Schlüsselwerke, unter anderem der Versroman »Frauendienst« (1255), der früheste Ich-Roman der deutschen Sprache. Episoden daraus sind auf sechs Infotafeln festgehalten und mit Abbildungen illustriert. Haarsträubende Abenteuer und groteske Missverständnisse begleiten den Helden auf Schritt und Tritt so überzeichnet, dass man das selbstverständlich nicht für bare Münze nehmen kann. Der Ich-Erzähler gerät unter Aussätzige und stürzt in einen Burggraben; nicht nur einmal wird ihm von der Dame seines Herzens der Kopf gewaschen.

Den Originaltexten ist eine flüssige Übersetzung an die Seite gestellt – so entfällt die größte Vermittlungsbarriere zur fernen Welt der Ritter, und Literatur wird an ihrem Ursprung sichtbar. Spätestens zum Finale am Fuß der Frauenburg weiß man, dass einige Minnesänger ordentlich rockten. Und wenn nicht alles stimmt, was dem Hausherrn widerfahren ist, hervorragend erfunden ist es allemal. Das macht große Lust, auch die weiteren sieben steirischen Literaturpfade des Mittelalters kennenzulernen.

Adresse 8800 Unzmarkt-Frauenburg, https://literaturpfade.uni-graz.at | **Anfahrt** S 6, S 36 und B 317 nach Unzmarkt, Start des Pfades beim Marktgemeindeamt, dann hinab zur Mur-Radfahrerbrücke und weiter zur Ruine Frauenburg | **Öffnungszeiten** ganzjährig zu begehen | **Tipp** Besichtigen Sie die Sankt-Jakobs-Kirche im unteren Teil des Burgbereiches. Der Grabstein für den gleichnamigen Enkel des berühmten Minnesängers gilt als älteste erhaltene Grabinschrift in deutscher Sprache.

105 Das Genussregal

Vom Schwanz bis zu den Ohren

Wer an Vogau vorbeifährt, glaubt sich urplötzlich im falschen Film, denn statt grüner Hügel schiebt sich ein riesiges Container-Regal vor die Nase, das an die Häfen von Hamburg und Rotterdam erinnert. Keine Angst, die südsteirische Gemeinde möchte nicht Anschluss an den globalen Handel finden, sondern durch außergewöhnliche Architektur Aufmerksamkeit erregen – für den Feinkostladen Steiermark.

Dieses »Genussregal« ist 60 Meter lang, turmhoch und dient als Wegweiser zum dahintergelegenen »Warenumschlagplatz«. Wer wissen möchte, woher Lebensmittel kommen und wie sie fernab von Legebatterien und Massenställen produziert werden, sollte hier schleunigst abbiegen und das Eldorado für Feinschmecker aufsuchen. Multimedial aufbereitet mit Hörstationen und Videos, lernt der Besucher, wie es auf richtigen Bauernhöfen zugeht – hier summt ein Schau-Bienenstock, zeigen Sulmtaler Hendln ihre kräftige Statur und lässt eine überdimensionierte Sau tief blicken. Nicht nur Filet und Stelze sind Gustostückerl, sondern vom Schwanz bis zu den Ohren sind diese Tiere wertvoll, und artgerechte Haltung sorgt für höchste Qualität. Auf einem Cybermoped machen Sie eine virtuelle Reise durch das Hügelland der aromatischen Südsteiermark voller Rebstöcke, die den Grundstoff liefern für Weine, die höchsten Ansprüchen genügen und in alle Welt verfrachtet und verschifft werden.

Wem der Spaziergang durch Ausstellung und Markthalle den Mund wässrig gemacht hat, der braucht nicht zu warten, bis er zu Hause ist, sondern kann direkt vor Ort zu Werke gehen. Jedem seinen Löffel, und los geht's mit einer kulinarischen Rundreise durch das Bundesland: Vulcano-Schinken, Kürbiskerne, Kernöl und Schokolade stehen ebenso auf dem Kost-Programm wie Welschriesling, Weißburgunder und Co. – Autofahren nicht unbedingt notwendig, Vogau und Straß haben viele gemütliche Schlafplätze zu bieten.

Adresse An der Mur 13, 8461 Vogau, Tel. +43/(0)3453/406770, www.genussregal.at, office@genussregal.at | **Anfahrt** A 9, Abfahrt Vogau-Straß, Genussregal durch seine außergewöhnliche Architektur weithin sichtbar | **Öffnungszeiten** täglich 9–18 Uhr | **Tipp** Die Wurzeln des Schlosses Straß im nahe gelegenen Ort Straß gehen bis ins 12. Jahrhundert zurück, ein Teil des im neugotischen Stil renovierten Gebäudes beherbergt ein Militärmuseum.

106 Die Radwerke

Land der donnernden Hämmer

Die Eisenstraße hat Geschichte und Leben der Menschen in der Obersteiermark über Jahrhunderte geprägt. Hier wurde Erz abgebaut und in den mächtigen Radwerken verarbeitet, Generation um Generation lebte von dieser Industrie, und Vordernberg war ein Zentrum der Eisenproduktion.

Durch die Umstellung auf moderne Hochöfen und die Verlagerung der Werke nach Leoben und Donawitz sind Zeiten und Leben beschaulicher geworden. Doch der Hochofen des Radwerkes X, ein mächtiger Steinturm an der Ortseinfahrt, und das Montanhistorische Museumsensemble im Zentrum sind Zeugen der großen Vergangenheit und liebevolle Erinnerung an eine Epoche, in der Schlote glühten und Hämmer donnerten. Damals standen 14 wassergetriebene Radwerke am Vordernberger Bach, die Kraft der Fluten trieb das Gebläse für die Verbrennungsluft an – der massive und bullige 10er-Ofen ist als stummes Monument stehen geblieben. Das Museum Radwerk IV bietet in der »Abstichhalle« einen gewaltigen Erzofen, in dem alle Produktionsabläufe vorgeführt werden und man das Erz ausfließen und erstarren sieht. Das Gebläsehaus am Bach ist eine Anlage mit industriehistorischem Glanz, hier kann man eine alte Dampfmaschine begutachten, die bei niedrigem Wasserstand die Arbeit der Räder übernahm. Der aus Natursteinen gebaute Ofenstock verbirgt in seinem Keller die vier Meter breite und einen Meter hohe »Ofensau« – aber Achtung: Das ist kein knuspriger Schweinsbraten, sondern ein Gemisch aus Roheisen und Schlacke … also nicht reinbeißen!

Wer Lust auf ein paar Schritte an der frischen Luft hat, geht zur wenige Minuten entfernten »Lehrfrischhütte« aus dem Jahr 1842. Wo schon vor 150 Jahren Lehrlinge in die Kunst des Schmiedens eingeführt wurden, kann man noch heute zuschauen, wie ein von Wasser angetriebener Schwanzhammer das glühende Eisen plättet – Lärm und Hitze lassen das alte Vordernberg wiederauferstehen.

Adresse Peter-Tunner-Straße 2, 8794 Vordernberg, Tel. +43/(0)664/73491994, radwerk4@a1.net, www.radwerk-vordernberg.at | Anfahrt A 9, Abfahrt Traboch, Richtung Trofaiach (zur Eisenbundesstraße B 115) und weiter Richtung Hieflau / Eisenerz nach Vordernberg | Öffnungszeiten 1. Mai – 31. Okt. Mo – Do 8 – 15.30 Uhr, Fr 8 – 14 Uhr | Tipp Der nahe Präbichl bietet zu jeder Jahreszeit etwas – Skifahren und Wandern in unverfälschter Natur.

107__Die Feistritztalbahn

Mitten durch den Schrebergarten

Über 100 Jahre hat die Schmalspurbahn bereits auf dem Buckel und dampft unverdrossen weiter auf ihrem Weg zwischen Weiz und Birkfeld. Zu Beginn des 20. Jahrhunderts wurde durch die Feistritztalbahn dieses damals abgelegene Gebiet an die Strecke zwischen Budapest und Graz angeschlossen und erhielt dadurch einen Modernisierungsschub. Heute ist die Bahn ideales Reisemittel für Nostalgiker, die nicht so schnell wie möglich von A nach B kommen wollen, sondern das Fauchen einer gusseisernen Lok und das Rütteln auf Holzbänken bewusst genießen.

Der Club U44 ist eine Gruppe eingeschworener Dampflok-Fans rund um Obmann Josef Pangerl und sorgt dafür, dass die Garnituren in Schuss bleiben und der Kessel immer unter Druck steht. Die Ehrenamtlichen schrauben und basteln in ihrer Freizeit an den Maschinen und pilotieren die Gäste durch eine pittoreske Landschaft entlang der Feistritz.

Welch technische Meisterleistung die Streckenführung ist, lässt sich an den mächtigen Viadukten und Tunnels ermessen, die das Tal überbrücken und die Berge durchbrechen. Ansonsten geht es gemächlich durch Wiesen und Wälder und vorbei an verträumten Dörfern und idyllischen Schrebergärten. Hier fühlt sich aber niemand belästigt durch ein wenig Lärm und Rauch, denn die Menschen empfinden ihre Bahn als Zeichen der Identität und Geschlossenheit des Feistritztals. Sie ist allgemeines Kulturgut und handfester Beweis dafür, dass Altbewährtes sehr wohl Platz in einer modernen Gesellschaft hat.

An der Station Anger gibt es eine Attraktion der besonderen Art – direkt am Bahnsteig ist ein ehemaliger Waggon zum Hotelzimmer umfunktioniert worden. Das Innere des blitzblau gestrichenen Abteils ist mit allem ausgestattet, was das Herz begehrt, und auf der waggoneigenen Terrasse lässt sich vortrefflich dinieren … mit Blick auf Wartehäuschen und Schienenstränge der Feistritztalbahn.

Adresse 8160 Bahnhof Weiz, 8190 Bahnhof Birkfeld, www.feistritztalbahn.at, www.angerer-hof.at | **Anfahrt** auf der B 72 nach Weiz und dort zum Bahnhof | **Öffnungszeiten** Die Abfahrtszeiten entnehmen Sie bitte dem Fahrplan. | **Tipp** Im Schloss Birkenstein in Birkfeld erleben Sie im »Klangtunnel« neue Dimensionen von Klang und Akustik.

108__Die Weizklamm

Alptraum des Silicon Valley

Techniker und Computerexperten feilen am Auto des 21. Jahrhunderts: Höchster Komfort und wenig Verbrauch sind selbstverständlich, doch zusätzlich soll der Fahrer sich zurücklehnen können, weil sein Gefährt die Strecke kennt und ohne menschliches Zutun richtig steuert.

Auf Highways in Kalifornien steht dem nichts im Wege, doch in der Klamm zwischen Weiz und Sankt Kathrein sieht die Sache ein bisserl anders aus. Die Straße ist entlang des Baches an den Felsen gedrängt, macht enge Kurven, und unübersichtliches Terrain bedarf der uneingeschränkten Aufmerksamkeit – diese Klamm, besser Schlucht, zu durchmessen könnte selbst die Nerds aus dem Silicon Valley vor eine unlösbare Aufgabe stellen. Das Durchbruchstal hat sich durch Schöcklkalk gefräst, seine Felswände bestehen aus Karstgestein, und die gewaltige Tiefe und Enge der Klamm ist Hebungsvorgängen im Tertiär geschuldet. Daran haben Geologen ihre helle Freude, doch auch für den Normalo ist der Anblick ein Faszinosum: Auf über zwei Kilometern erstreckt sich die Klamm wildromantisch, der Weizbach murmelt, und die Felskaskaden türmen sich in Licht und Schatten auf.

Erst Ende des 19. Jahrhunderts wurde die Schlucht durch eine Straße erschlossen, vorher mussten die Bauern mühsam über den höhergelegenen Jägersteig gehen oder ihre Fuhrwerke durch das Bachbett treiben. Nun ist der Weg zwar leichter, doch Verkehrsspiegel und Ausweichspuren ersetzen das Navi und sorgen für ein Fahrfeeling der besonderen Art. Von oben herab gibt es eine zweite reizvolle Perspektive. Wer vor dem Eingang das Auto verlässt und auf den Bergkamm geht, kann den Blick in den engen Taleinschnitt wagen. Vorsicht ist geboten, doch die Aussicht auf hervorspringende Felsen, rauschendes Wasser und Automobile, die sich entlang der natürlichen Gesteinslinie schlängeln, ist die Sache wert – mit eigenen Augen, ganz ohne technische Hilfsmittel.

Adresse Durch die Klamm führt die Rechbergstraße (B 64) zwischen 8160 Weiz und 8162 Passail. | Anfahrt über die B 72 nach Weiz und weiter Richtung Passail in die Klamm einfahren | Tipp In Sankt Kathrein am Offenegg warten die »Hängenden Gärten der Sulamith« – eine prächtige Terrassenanlage am Sulamith Weg 1.

109_Der Weidendom

Naturvermittlung mit viel Aha!

Wer glaubt, dass Wissenschaft von gleichermaßen exzentrischen wie genialen Zeitgenossen betrieben wird, die sich im Labor an monotonen Versuchsanordnungen abarbeiten, der wird in Weng im Gesäuse auf angenehme Weise eines Besseren belehrt. Am Ufer der Enns hat sich das Team des Nationalparks Gesäuse die Schnellwüchsigkeit und Biegsamkeit von Weidenbäumen zunutze gemacht, um eine »lebende« Forschungswerkstatt auf die Wiese zu pflanzen: den Weidendom. Die Schösslinge wurden mit Hilfe eines Gittergerüsts in Kuppelform gebracht. Unter dem Pflanzenbaldachin und einer Zeltplane als zusätzlichem Regenschutz bringen Nationalpark-Ranger im Sommer jungen Besuchern die faszinierenden Mikrokosmen näher, die sich vor der Haustür beziehungsweise ihrer eigenen Nase erstrecken.

Was sich in einem Batzen Dreck an Kleinstlebewesen tummelt, welch bizarre Zauberwelt einem Tropfen aus der Enns innewohnt und welch elegantes Design ein Insektenflügel hat – phantastische Welten offenbaren sich unter dem Hochleistungsmikroskop! Aha-Erlebnisse sind vorprogrammiert, wenn etwa ein Wasserfloh ins Mikrotheater verfrachtet wird und seinen »großen« Auftritt hat. Das Baum-Forschungshaus, das jeden Frühling von Neuem ergrünt, trägt einiges dazu bei, dass die Wissens-Einheiten so gut angenommen werden.

Auch nebenan wuchert die Pflanzenwelt üppig. Ein in Form eines Irrgartens ausgeführter begehbarer »ökologischer Fußabdruck« liefert Anregungen für einen umweltverträglichen Umgang mit der Natur und ihren Ressourcen. Die Anregungen, hie und da vielleicht ein Schräubchen am eigenen Konsumstil zu drehen, kommen ohne erhobenen Zeigefinger daher. Mittlerweile mit allen Wassern gewaschen, werden die Jungforscher zu Erkundungen auf die Lettmair Au losgelassen. Und wer noch Reserven hat, der erfährt am Themenweg Wilder John, wie der Johnsbach seine Ketten sprengte und wieder zu einem Naturjuwel wurde.

Adresse Krumau 62, 8913 Weng im Gesäuse / Admont, Tel. +43/(0)664/8252310, www.nationalpark.co.at | Anfahrt an der B 146 zwischen Admont und Hieflau, Parkplatz an der Abzweigung zur L 743 Johnsbach, Ziel ausgeschildert | Öffnungszeiten Juli – Mitte Sept. täglich 10 – 18 Uhr, Mai, Juni, Sept. jeweils Sa und So 10 – 18 Uhr | Tipp Lassen Sie sich im Gasthof Bachbrücke an der Abzweigung nach Johnsbach Schmankerl schmecken. Fisch und Wild aus der Region stehen auf dem Speiseplan (www.bachbruecke.at, Mai – Okt. täglich ab 9 Uhr).

110_Das Museum HochQuellenWasser

Einen über den Durst

Auf ihr Wasser lassen die Österreicher nichts kommen – gar nichts. Schon der Hauch des Verdachts, dass »die EU« eine Privatisierung der Wasserversorgung anstreben könnte, treibt selbst die gemütlichsten Alpenrepublikaner auf die Barrikaden. Logisch, denn so gut und günstig muss man es erst mal haben. Die Wiener zum Beispiel bekommen Hochquellwasser aus den Bergen geliefert, von chemischen Zusätzen und merkwürdigem Beigeschmack wie in anderen Metropolen Europas keine Spur. Eine Genuss-Geschichte, die das Museum HochQuellenWasser im weltabgeschiedenen Wildalpen vergegenwärtigt.

Im Freibereich prominent aufgestellt: der Grundstein der II. Hochquellwasserleitung, er trägt das Datum 1900. Damals war die I. Hochquellwasserleitung, die köstliches Wasser aus dem Rax-Schneeberg-Gebiet in die Zwei-Millionen-Stadt Wien lieferte, bereits an die Grenzen ihrer Kapazität gelangt. Nun also griffen die durstigen Wiener auf die Kläfferquelle und weitere Reservoirs rund um das steirische Hochschwabmassiv zu. Pläne und Modelle lassen staunen über die Ingenieursleistungen beim Stollen- und Aquäduktebau quer durch die Berge, der die nächsten zehn Jahre 10.000 Arbeiter beschäftigen sollte. Man erfährt, dass das Naturprodukt 36 Stunden unterwegs ist, bevor es im 180 Kilometer entfernten Wien aus den Hähnen strömt. Der Kristallpokal ist zu sehen, den 1910 kein Geringerer als Kaiser Franz Joseph an seine Lippen führte, um diesen Quantensprung der Wiener Wasserversorgung zu begehen.

Auch der Außenbereich ist anschaulich gestaltet. Ein Mega-Absperrschieber mit einem Durchmesser von fast einem Meter zeigt, mit welcher Gewalt der Stoff des Lebens an manchen Stellen durch die Rohre schießt. Nicht fehlen dürfen auch Brunnen, aus denen man einen über den Durst trinken kann.

Adresse Säusenbach 14, 8924 Wildalpen, Tel. +43/(0)3636/6210 oder +43/(0)3636/45131871, www.wienerwasser.at | Anfahrt B 24 nach Wildalpen, Ziel an der südöstlichen Ortseinfahrt | Öffnungszeiten Mai–26. Okt. Mo – Fr 10 – 12 und 13 – 15 Uhr, So und Feiertage 10 – 12 Uhr | Tipp Die Kläfferquelle 14 Kilometer östlich bietet im Frühjahr ein beeindruckendes Naturschauspiel – von der Straße aus sind Wasserfälle zu sehen, für Gruppen wird ein Blick hinter die Kulissen geboten.

111_Der Naturfreunde-Campingplatz

Große Freiheit am wilden Fluss

Die Dominanz der Wildwasser-Artisten ist unverkennbar; hier trocknen Schwimmwesten über dem Geländer, dort verleihen knallgelbe Kajaks einem Schuppen Farbe. Das Sprachengewirr kündet von der Anziehungskraft der Salza auf die internationale Wildwasser-Community. Doch man muss nicht unbedingt über Wellen reiten, um den Naturfreunde-Campingplatz in Wildalpen zu lieben. Ein Wiesen- und Baummosaik bildet die Kulisse für die Übernachtung im Freien, so großzügig bemessen, dass genügend Ellbogenfreiheit zu den Nachbarn besteht. Rasch das Zelt aufgeschlagen und dann die Füße in die nur wenige Meter entfernte Salza getaucht. Smaragdfarben fließt sie dahin, der Uferbereich empfiehlt sich als idealer Spielplatz.

Im angeschlossenen Kompetenzzentrum weisen die Österreichischen Naturfreunde Groß und Klein in die Geheimnisse des Kajaksports ein, während die Wanderer und Mountainbiker zwischen Hochschwab und den Göstlinger Bergen auf Tuchfühlung mit der Natur gehen. Wenn die Bergschuhe zum Lüften aushängen, wird's gemütlich. Feuerholz wird aufgeschichtet, und bald brutzeln Würstel und Koteletts über den Grillstellen. Die Gespräche am offenen Feuer plätschern dahin, die Kinder wuseln umher, ein Auge bleibt auf den Fluss gerichtet, mit dem anderen sieht man die Sterne aufziehen. Wann hat man das zum letzten Mal erlebt? Für jene, die das Zeltleben zu sehr beengt, haben die Naturfreunde ein trendiges Holzboxhaus auf Stelzen errichtet. Beim Murmeln des Flusses wird man in den Schlaf gewogen, durch die Panoramafenster hat man die Salza schon wieder im Blick, wenn man sich den Schlaf aus den Augen reibt. Und alle, die originaler Lagerfeuerromantik nichts Abendfüllendes abgewinnen können, bleiben dank Free WLAN auch an diesem Ende der Welt auf dem Laufenden.

Adresse Säusenbach 8, 8924 Wildalpen, Tel. +43/(0)3636/466 oder +43/(0)664/8521722, www.wildwasserzentrum.naturfreunde.at | **Anfahrt** B 24 nach Wildalpen, Ziel an der südöstlichen Ortseinfahrt | **Öffnungszeiten** April–Okt., dann nach Absprache | **Tipp** Besuchen Sie die Jausenstation Astrid im Holzäpfeltal und genießen Sie eine frische Forelle (Di Ruhetag).

1
OBERÖSTERREICH
A9
Altenmarkt bei St. Gallen
Hieflau
Liezen
5
Admont
109
1
21
22
4
46
Rottenmann
35
Eisenerz
3
Irdning
Aigen im Ennstal
Trieben
Gröbming
30
16
A9
79
87
S36
St. Peter am Kammersberg
104
Knittelfeld
90
42
41
Unzmarkt
36
37
Zeltweg
43
Judenburg
Scheifling
59
60
75
Murau
52
62
78
Obdach
Predlitz-
St. Lambrecht
Neumarkt in der Steiermark
-Turrach
56
Bad St. Leonhard im Lavanttal
Friesach
102
KÄRNTEN
Althofen
3
Wolfsberg
72
3
Sankt Veit an der Glan
A2
70
71
Gröbming
Ramsau a. Dachstein
Haus
85
Schladming
84
Völkermarkt

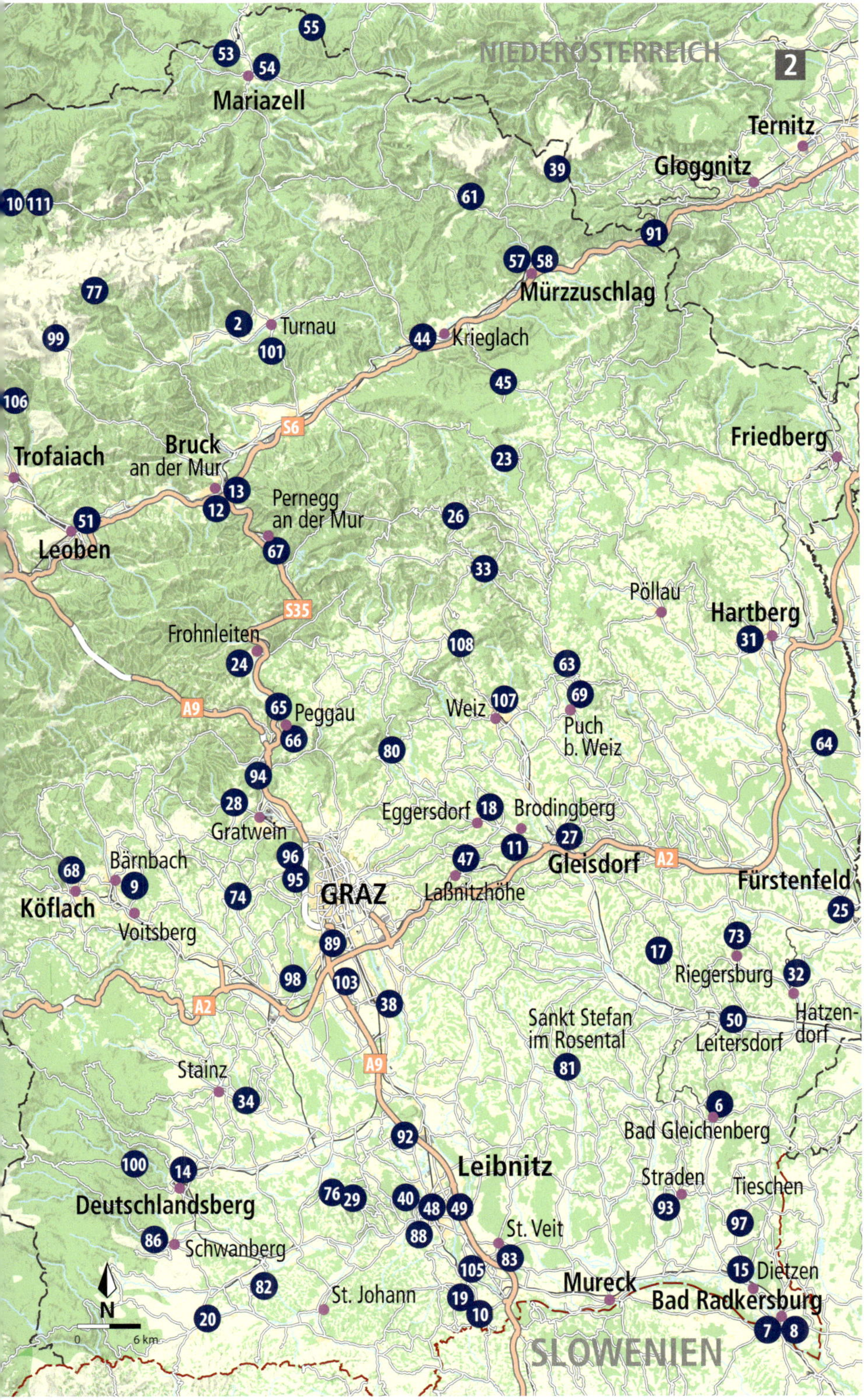

NIEDERÖSTERREICH
2
Mariazell
Ternitz
Gloggnitz
Mürzzuschlag
Turnau
Krieglach
S6
Friedberg
Trofaiach
Bruck an der Mur
Pernegg an der Mur
Leoben
S35
Pöllau
Hartberg
Frohnleiten
A9
Peggau
Weiz
Puch b. Weiz
Eggersdorf
Brodingberg
Gratwein
Bärnbach
Gleisdorf
A2
Fürstenfeld
Köflach
GRAZ
Laßnitzhöhe
Voitsberg
Riegersburg
Hatzendorf
A2
Sankt Stefan im Rosental
Leitersdorf
A9
Stainz
Bad Gleichenberg
Leibnitz
Straden
Tieschen
Deutschlandsberg
St. Veit
Schwanberg
Dietzen
Mureck
Bad Radkersburg
St. Johann
N
0
6 km
SLOWENIEN

Dorothee Fleischmann,
Carolina Kalvelage
111 Orte in Budapest, die man gesehen haben muss
ISBN 978-3-95451-744-2

Ursula Kahi
111 Orte im Aargau, die man gesehen haben muss
ISBN 978-3-95451-537-0

Christian Löhden
111 Orte in Graubünden, die man gesehen haben muss
ISBN 978-3-95451-514-1

Oliver Schröter, Falk Saalbach
111 Orte in Zürich, die man gesehen haben muss
ISBN 978-3-95451-538-7

Cornelia Lohs
111 Orte in Bern, die man gesehen haben muss
ISBN 978-3-95451-669-8

Giulia Castelli Gattinara,
Mario Verin
111 Orte in Mailand, die man gesehen haben muss
ISBN 978-3-95451-617-9

Cornelia Ziegler,
Chris Sindermann
111 Orte auf Kreta, die man gesehen haben muss
ISBN 978-3-95451-540-0

Dorothee Fleischmann,
Carolina Kalvelage
111 Orte an der Costa Brava, die man gesehen haben muss
ISBN 978-3-95451-561-5

Jo-Anne Elikann
111 Orte in New York, die man gesehen haben muss
ISBN 978-3-95451-512-7

Ralf Nestmeyer
111 Orte an der Côte d'Azur, die man gesehen haben muss
ISBN 978-3-95451-563-9

Uwe Ramlow
111 Orte im Tessin, die man gesehen haben muss
ISBN 978-3-95451-840-1

Marion Rapp
111 Schätze der Natur rund um den Bodensee, die man gesehen haben muss
ISBN 978-3-95451-619-3

Gerd Wolfgang Sievers
111 Orte in Venedig, die man gesehen haben muss
ISBN 978-3-95451-352-9

Dietlind Castor
111 Orte am Bodensee, die man gesehen haben muss
ISBN 978-3-95451-063-4

Petra Sophia Zimmermann
111 Orte am Gardasee und in Verona, die man gesehen haben muss
ISBN 978-3-95451-344-4

Marcus X. Schmid,
Halûk Uluhan
111 Orte in Istanbul, die man gesehen haben muss
ISBN 978-3-95451-333-8

Christiane Bröcker,
Babette Schröder
111 Orte in Stockholm, die man gesehen haben muss
ISBN 978-3-95451-203-4

Marcus X. Schmid,
Michel Riethmann
111 Orte in Luzern und rund um den Vierwaldstättersee, die man gesehen haben muss
ISBN 978-3-95451-917-0

Thomas Fuchs
111 Orte in Amsterdam, die man gesehen haben muss
ISBN 978-3-95451-209-6

Annett Klingner
111 Orte in Rom, die man gesehen haben muss
ISBN 978-3-95451-219-5

John Sykes, Birgit Weber
111 Orte in London, die man gesehen haben muss
ISBN 978-3-95451-117-4

Gerald Polzer, Stefan Spath,
Pia Claudia Odorizzi von Rallo
111 Orte im Salzkammergut, die man gesehen haben muss
ISBN 978-3-95451-231-7

Alexander Barth,
Jenny Roder
111 Orte im Dreiländereck, die man gesehen haben muss
ISBN 978-3-95451-316-1

Gerald Polzer, Stefan Spath
111 Orte in Graz, die man gesehen haben muss
ISBN 978-3-95451-466-3

Stefan Spath
111 Orte in Salzburg, die man gesehen haben muss
ISBN 978-3-95451-114-3

Barbara Krull
111 Orte im Elsass, die man gesehen haben muss
ISBN 978-3-95451-596-7

Peter Eickhoff, Karl Haimel
111 Orte in Wien, die man gesehen haben muss
ISBN 978-3-89705-969-6

Silvia Götschi
111 Orte im Kanton Schwyz, die man gesehen haben muss
ISBN 978-3-7408-0116-8

Cornelia Ziegler
111 Orte im Allgäu, die man gesehen haben muss
ISBN 978-3-95451-343-7

Kirsten Elsner-Schichor, Rainer Bodemer
111 Orte in Karlsruhe, die man gesehen haben muss
ISBN 978-3-95451-593-6

Alexander Barth, Eckhard Heck
111 Orte in Aachen und der Euregio, die man gesehen haben muss
ISBN 978-3-89705-931-3

Beate C. Kirchner
111 Orte in Florenz und im Norden der Toskana, die man gesehen haben muss
ISBN 978-3-95451-513-4

Gerald Polzer, Stefan Spath
111 Orte in Oberösterreich, die man gesehen haben muss
ISBN 978-3-95451-857-9

Marx de Morais
111 Orte in Turin und im Piemont, die man gesehen haben muss
ISBN 978-3-95451-736-7

Sina Beerwald
111 Orte auf Sylt, die man gesehen haben muss
ISBN 978-3-95451-511-0

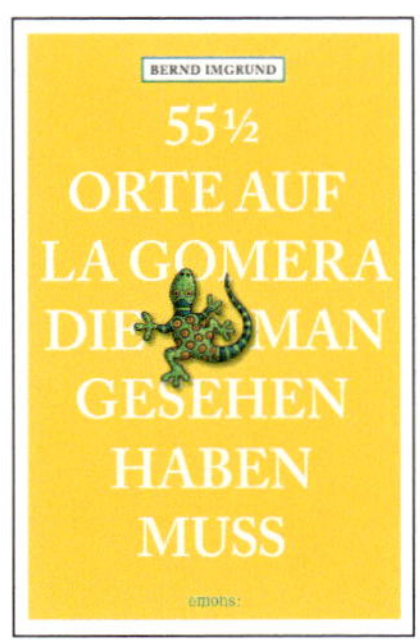

Bernd Imgrund
55 ½ Orte auf La Gomera, die man gesehen haben muss
ISBN 978-3-95451-700-8

Rike Wolf
111 Orte in Hamburg, die man gesehen haben muss
ISBN 978-3-89705-916-0

Rüdiger Liedtke
111 Orte auf Mallorca, die man gesehen haben muss
ISBN 978-3-89705-975-7

Lucia Jay von Seldeneck,
Verena Eidel, Carolin Huder
111 Orte in Berlin, die man gesehen haben muss
ISBN 978-3-89705-853-8

Rüdiger Liedtke
111 Orte in München, die man gesehen haben muss
ISBN 978-3-89705-892-7

Lucia Jay von Seldeneck,
Verena Eidel, Carolin Huder
111 Orte in Berlin, die man gesehen haben muss
Band 2
ISBN 978-3-95451-207-2

Silvia Schaub
111 Orte im Engadin, die man gesehen haben muss
ISBN 978-3-7408-0115-1

Bernd Imgrund,
Britta Schmitz
111 Kölner Orte, die man gesehen haben muss
Band 1
ISBN 978-3-89705-618-3

Bernd Imgrund,
Britta Schmitz
111 Kölner Orte, die man gesehen haben muss
Band 2
ISBN 978-3-89705-695-4

Mercedes
Korzeniowski-Kneule
111 Orte in Basel, die man gesehen haben muss
ISBN 978-3-95451-702-2

Kay Walter, Rüdiger Liedtke
111 Orte in Brüssel, die man gesehen haben muss
ISBN 978-3-7408-0128-1

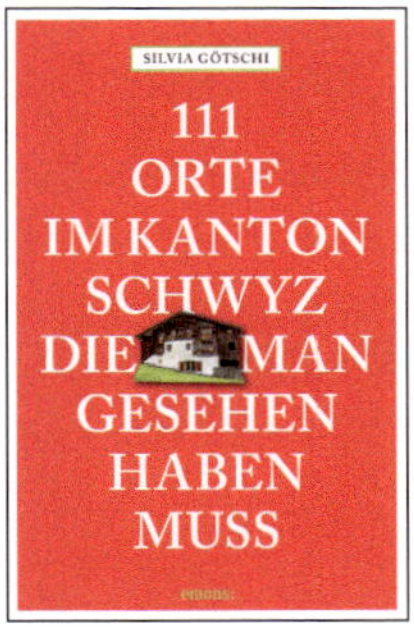

Silvia Götschi
111 Orte im Kanton Schwyz, die man gesehen haben muss
ISBN 978-3-7408-0116-8

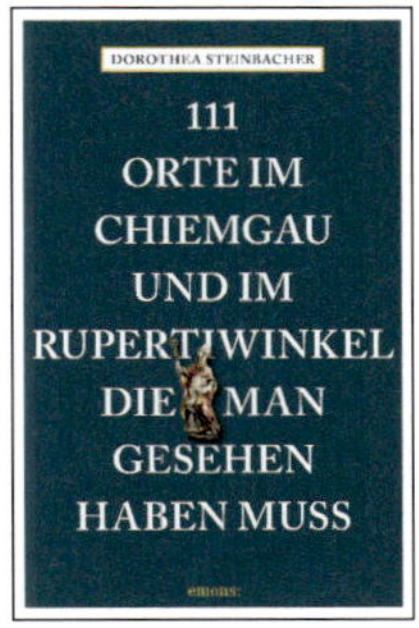

Dorothea Steinbacher
111 Orte im Chiemgau und im Rupertiwinkel, die man gesehen haben muss
ISBN 978-3-7408-0131-1

Beate C. Kirchner,
Jorge Vasconcellos
111 Orte in Rio de Janeiro, die man gesehen haben muss
ISBN 978-3-95451-843-2

Jochen Reiss
111 Orte in Nordfriesland, die man gesehen haben muss
ISBN 978-3-95451-627-8

Dorothea Steinbacher
111 Orte im Chiemgau, die man gesehen haben muss
ISBN 978-3-95451-338-3

Lust auf mehr? Laden Sie sich die »LChoice«-App runter, scannen Sie den QR-Code und bestellen Sie weitere Bücher direkt in Ihrer Buchhandlung.

LChoice

Hier bestellen

Text- und Fotonachweis

Texte von Gerald Polzer, Fotos von Antonia Schulz: Kap. 6–11, 14–15, 17–29, 31–34, 36–38, 40, 44, 46, 48–49, 51, 57, 63–69, 73–76, 80–83, 86, 88–89, 92–98, 100, 103, 105–108; Texte und Fotos von Stefan Spath: Kap. 1–5, 12–13, 16, 30, 35, 39, 41–43, 45, 47, 50, 52–56, 58–62, 70–72, 77–79, 85, 87, 90–91, 99, 101–102, 104, 109–111; Foto Kap. 84: © Schladming-Dachstein_Raffalt

Die Autoren

Gerald Polzer, 1959 in Graz geboren, schreibt als Autor und Feuilletonist in Wels. Zusammen mit Stefan Spath veröffentlichte er bereits die Bände »111 Orte im Salzkammergut«, »111 Orte in Graz« und »111 Orte in Oberösterreich«.

Stefan Spath, 1964 in Tirol geboren, lebt und arbeitet als Reisejournalist, Autor und Texter in Wien. Für die »111 Orte«-Reihe hat er bereits in Salzburg und Graz sowie im Salzkammergut und in Oberösterreich recherchiert. Das Buch über die Steiermark ist seine vierte Zusammenarbeit mit Gerald Polzer.

Die Fotografin

Antonia Schulz ist Studentin der Publizistik an der Universität Wien und Lifestyle-Bloggerin. Nach Praktika in London und Berlin arbeitet sie studienbegleitend für diverse Agenturen. Sie hat die Geschichten von Gerald Polzer in Bilder gegossen.